★ 가족 2
★ 사회 9
★ 학교 17
★ 생활 25
★ 친척 33
★ 도덕 41
★ 공원 49
★ 우주 57
★ 교통 65
★ 국가 72
★ 인생 81
★ 반대 89
★ 우정 96
★ 동물 102
★ 시장 108
★ 병원 116
★ 농촌 124

차례

- ★ 약자(略字)란 무엇일까요? · 8
- ★ 부수(部數)가 같은 한자 · 16
- ★ 뜻이 상대되는 한자끼리 합쳐서 만든 낱말 · 24
- ★ 석 자로 된 한자어 · 32
- ★ 오륜(五倫)이란 무엇인가요? · 40
- ★ 두 가지 이상의 음(音)을 가진 한자 · 48
- ★ 뜻이 비슷한 한자끼리 합쳐서 만든 낱말 · 56
- ★ 태양계(太陽系)의 주요 별 이름 · 64
- ★ 한자어로 된 기(旗)의 이름 · 80
- ★ 나이와 관계된 한자어 · 88
- ★ 지음(知音)이란 한자어의 깊은 뜻 · 101
- ★ 우리 나라의 옛 이름 · 115
- ★ 병(病)과 관계된 한문 숙어 · 123

집 **가**	겨레 **족**
家	族
宀부 7획	方부 7획

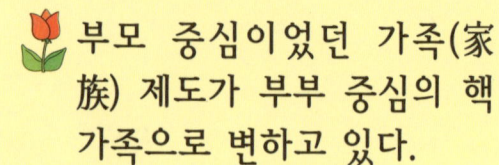 부모 중심이었던 가족(家族) 제도가 부부 중심의 핵가족으로 변하고 있다.

family[패밀리] 가족

- 가문(家門): 집안. 또는 그 집안의 사회적 지위.
- 외가(外家): 어머니의 친정.
- 족보(族譜): 한 가문의 계보.
- 민족(民族): 오랜 세월에 걸쳐 일정한 지역에서 공동 생활을 영위하는 무리.

뜻이 같은 한자

家(집 가) = 宅(집 택)

′ ″ 宀 宀 宁 宇 家 家 家	′ ㅗ 方 方 ㅊ 扩 族 族 族
家	家	家	族	族	族

다행 행	복 복

干부 5획	示부 9획

 어머니는 형의 합격 소식을 듣고 행복(幸福)에 겨워 함박웃음을 지으셨다.

happiness[해피니스] 행복

- 행운(幸運): 좋은 운수.
- 불행(不幸): 행복하지 못함.
- 복권(福券): 뽑힌 번호를 가진 사람에게 큰 액수의 상금을 주기로 하고 사는 표.
- 천복(天福): 하늘에서 내려 준 복.

헷갈리기 쉬운 한자

幸(다행 행) ≒ 辛(매울 신)

一 十 土 圥 夆 夆 幸 幸			一 亠 亣 礻 礻 祀 袹 袹 福 福		
幸	幸	幸	福	福	福

효도 효	길 도
孝	道
子부 4획	⻌부 9획

🌷 자식으로서 부모에게 효도(孝道)를 다하는 것은 인간으로서 당연한 도리요 의무이다.

filial piety[필리얼 파이어티] 효도

- 효자(孝子): 어버이를 잘 섬기는, 효성이 지극한 아들.
- 불효(不孝): 부모를 잘 섬기거나 받들지 않는 것.
- 도리(道理): 사람이 마땅히 지켜야 할 바른 이치.
- 차도(車道): 차가 다니는 길.

뜻이 상대되는 한자어

孝道(효도) ↔ 不孝(불효)

一 十 土 耂 孝 孝 孝　　　丶 丷 䒑 䒑 产 首 首 首 道 道

孝	孝	孝	道	道	道

고를 **화**
和
口부 5획

합할 **합**
合
口부 3획

🌷 이웃과 잘 화합(和合)하여 화목하게 살아야 한다.

harmony[하아머니] 화합

- 화목(和睦): 서로 뜻이 맞아 잘 지냄.
- 조화(調和): 여럿이 서로 알맞게 어울려 바람직한 전체를 이루는 것.
- 합창(合唱): 여러 사람이 동시에 부르는 노래.
- 조합(組合): 여럿을 모아 한덩어리가 되게 하는 것.

뜻이 상대되는 한자어

和合(화합) ↔ 不和(불화)

一 二 千 千 禾 利 和 和	ノ 人 스 수 合 合
和 和 和	合 合 合

남편 부	아내 부	🌷 부부(夫婦)는 사회 구성의 기본 단위요, 가장 가깝고도 가장 어려운 사이이다.
夫	婦	
大부 1획	女부 8획	husband and wife[허즈번드 언드 와이프] 부부

- 부군(夫君): (상대방을 높이어) 그의 남편을 이르는 말.
- 장부(丈夫): 다 자란 건장한 남자.
- 부녀(婦女): 부녀자(부인과 여자, 즉 모든 여성)의 준말.
- 파출부(派出婦): 일반 가정의 요청을 받고, 집안일을 돌보아 주는 여자.

헷갈리기 쉬운 한자

夫(남편 부) ≒ 天(하늘 천)

一 二 十 夫			ノ 女 女 女′ 女′′ 女′′′ 婦′ 婦′′ 婦		
夫	夫	夫	婦	婦	婦

연습문제

❶ 각각의 한자어에 맞는 음(音)을 줄로 이으세요.

家族 ·　　　　　· 부부
和合 ·　　　　　· 가족
幸福 ·　　　　　· 효도
孝道 ·　　　　　· 화합
夫婦 ·　　　　　· 행복

❷ 다음의 □ 안에 알맞은 한자를 보기에서 찾아 쓰세요.

행복　幸□　　　효도　□道

부부　□婦　　　화합　和□

가족　□族

― 보기 ―
家　福　孝　合　夫

❸ 각 그림에 가장 잘 어울리는 한자어를 보기에서 찾아 쓰세요.

(　　　)　　　(　　　)　　　(　　　)

― 보기 ―
孝道　合唱　車道　夫婦　家族

약자(略字)란 무엇일까요?

어떤 한자는 획수가 너무나 많아서 쓰는 데 많은 시간이 걸리는 것도 있습니다. 그래서 간편하게 쓰기 위해 글자의 획수를 줄인 것을 약자라고 합니다.
약자는 다른 말로 속자라고도 합니다.

巖(바위 암) → 岩   點(점 점) → 占   學(배울 학) → 学
萬(일만 만) → 万   豫(미리 예) → 予   體(몸 체) → 体
實(열매 실) → 実   會(모일 회) → 会   國(나라 국) → 国
歷(지낼 력) → 厂   數(셀 수) → 数   缺(모자랄 결) → 欠

생각하는 만화 — 鬼神

鬼(귀신 귀) / 神(귀신 신)

모일 사	모일 회
社	會
示부 3획	曰부 9획

🌷 인간은 어렸을 때부터 이웃과 사회(社會)에 대한 봉사의 정신을 실천해야 한다.

society[써싸이어티] 사회

- 사장(社長): 회사의 대표자.
- 회사(會社): 사업을 통하여 이익을 얻기 위해 여러 사람으로 조직된 단체.
- 회장(會長): 회의 일을 책임지고, 회를 대표하는 사람.
- 교회(敎會): (주로 크리스트교에서) 같은 종교를 믿는 사람들의 조직체.

헷갈리기 쉬운 한자

社(모일 사) ≒ 杜(막을 두)

一 二 亍 亓 示 示 計 社	ノ 入 人 仒 合 슴 佥 侖 會 會
社 社 社	會 會 會

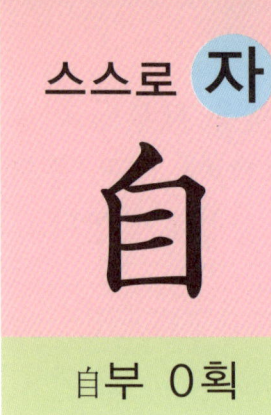 스스로 **자**
自
自부 0획

 말미암을 **유**
由
田부 0획

🌷 인간은 누구에게나 자유(自由) 의지가 있고, 또 그 자유를 선택할 권리가 있다.

freedom[프리이덤] 자유

- 자기(自己): 그 사람 자신.
- 각자(各自): 저마다 따로따로.
- 유래(由來): 전부터 전해 내려오는 것. 또는, 전해져 온 내력.
- 이유(理由): (어떤 결과나 결론에 이르게 된) 까닭이나 근거.

뜻이 상대되는 한자어

自由(자유) ↔ 强制(강제)

′ 亻 冂 自 自 自			丨 冂 冂 由 由		
自	自	自	由	由	由

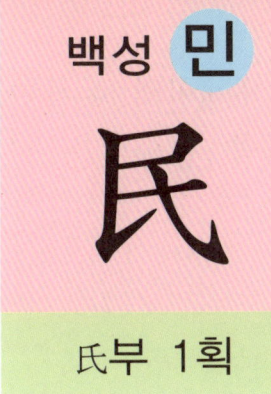
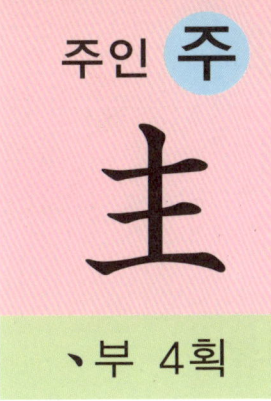
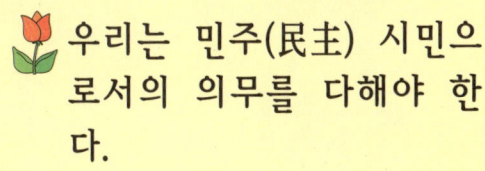

우리는 민주(民主) 시민으로서의 의무를 다해야 한다.

氏부 1획

丶부 4획

democracy[디마크러씨] 민주

- 민심(民心): 일반 국민의 생각과 느낌. 보통 사람들의 여론.
- 시민(市民): 시에 살고 있는 주민.
- 주권(主權): 국가의 의사나 정책을 결정하는 최고의 권력.
- 자주(自主): 남의 도움이나 간섭을 받지 않고, 자신의 일을 스스로 처리함.

신기한 한자

目(눈 목) + 民(백성 민) → 眠(잠잘 면)

ㄱ ㄲ ㄸ ㄸ 民			ˋ ˊ ㅜ ㅌ 主		
民	民	民	主	主	主

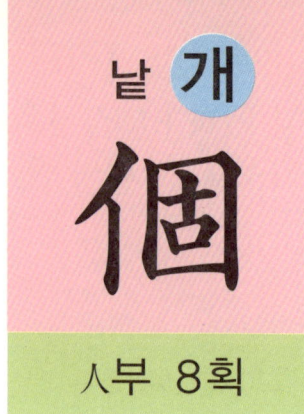 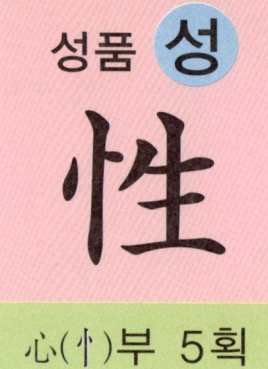

낱 **개** / 성품 **성**

個 / **性**

人부 8획 / 心(忄)부 5획

🌷 오늘날은 개개인의 독특한 개성(個性)을 존중하는 시대이다.

personality[퍼서낼러티] 개성

- 개인(個人): 국가나 사회·단체 등에 대하여, 그것을 구성하는 낱낱의 사람.
- 개체(個體): 전체나 무리에서 떼어 놓은 한 사람이나 사물.
- 성질(性質): 타고난 기질.
- 모성(母性): 여자가 지니는 어머니로서의 본능적인 성질.

헷갈리기 쉬운 한자

性(성품 성) ≒ 姓(성 성)

ノ亻个们佣佣個個個個	＇丷忄忄忄忄性性
個　個　個	性　性　性

평평할 평 / 등급 등

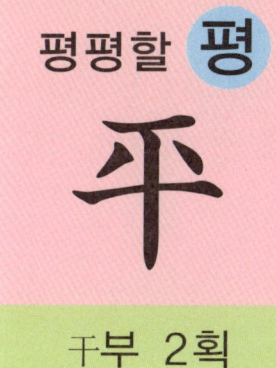
平 — 干부 2획

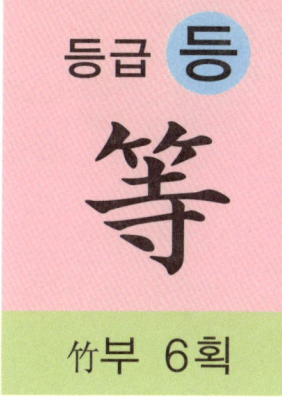
等 — 竹부 6획

🌷 가난한 사람이나 부자나 인간은 모두 평등(平等)하다.

equality[이콸러티] 평등

- 평화(平和): 사람들끼리 서로 싸우거나 미워하지 않고 화목한 상태.
- 화평(和平): 마음이 평안한 것.
- 등식(等式): 두 개의 식이 형식은 다르나 수치가 같음을 나타내는 수식.
- 우등(優等): 능력·학업이 남보다 특별히 뛰어난 성적이나 등급.

뜻이 비슷한 한자어

平等(평등) ≡ 同等(동등)

一 ㄧ ㅜ ㅠ 平			ノ ㇏ ㇏ 竹 竺 竺 笙 笙 等 等		
平	平	平	等	等	等

차례 **질**	차례 **서**	🌷 민주 시민이라면 누구나 질서(秩序)를 잘 지켜야 한다.
秩	**序**	
禾부 5획	广부 4획	order[오오더] 질서

- 서론(序論): 긴 글이나 말에서 본론의 기본 취지를 다루는 부분.
- 서문(序文): 책의 맨 앞에 그 책의 목적 따위를 적은, 길지 않은 글.
- 순서(順序): 차례.

뜻이 상대되는 한자어

秩序(질서) ↔ 混沌(혼돈)

一 二 千 千 禾 利 秏 秩 秩	` 一 广 序 序 序
秩　秩　秩	序　序　序

연습문제

❶ 다음 낱말 중에서 한자가 틀린 것을 모두 찾아 ○하세요.

　　自田 - 자유　　　　　社會 - 사회
　　平等 - 평등　　　　　民王 - 민주
　　個性 - 개성　　　　　秩序 - 질서

❷ 다음의 □ 안에 알맞은 한자를 보기에서 찾아 쓰세요.

―― 보 기 ――
自　序　性　平　會　民

❸ 각 문장의 (　)에 알맞은 한자어를 보기에서 찾아 써 넣으세요.

　★ 자기만의 개성(　　　)을 잘 살리는 사람이 지혜로운 사람이다.
　★ 나에게 자유(　　　)를 달라!
　★ 우리 나라는 민주(　　　)주의 국가이다.
　★ 살기 좋은 사회(　　　)를 만들기 위해 노력해야 한다.
　★ 교통 질서(　　　)를 지키는 일은 나의 안전을 위하는 길이기도 하다.
　★ 사람은 누구나 평등(　　　)하다.

―― 보 기 ――
社　個　由　民　平　自　主　會　性　等　秩　序

부수(部數)가 같은 한자

한자는 뜻글자로 그 수가 5만 가량이나 됩니다. 자전에서 글자를 찾을 때 부수를 이용하면 찾고자 하는 글자를 쉽게 찾을 수 있습니다.

開(열 개)	閑(한가할 한)	閉(닫을 폐)	間(사이 간)	關(빗장 관)	→ 門(문문 부)
材(재목 재)	校(학교 교)	樹(나무 수)	柱(기둥 주)	未(아닐 미)	→ 木(나무목 부)
針(바늘 침)	鏡(거울 경)	銘(새길 명)	錄(기록할 록)	銀(은 은)	→ 金(쇠금 부)
場(마당 장)	城(성 성)	均(고를 균)	地(땅 지)	塔(탑 탑)	→ 土(흙토 부)
可(옳을 가)	古(예 고)	右(오른 우)	各(각각 각)	名(이름 명)	→ 口(입구 부)

漁夫之利

漁(고기 잡을 어) / 夫(남편 부) / 之(갈 지) / 利(이익 리)

배울 학	학교 교
學	校
子부 13획	木부 6획

 우리는 學校(학교)에서 여러 친구들과 함께 열심히 공부한다.

school[스쿠울] 학교

- 학생(學生): 학교에 다니면서 공부를 하는 사람.
- 방학(放學): 한 학기가 끝나고 정해진 기간 동안 수업을 쉬는 것.
- 교실(敎室): 수업을 하는 방.
- 등교(登校): 학생이 학교에 가는 것.

뜻이 상대되는 한자

學(배울 학) ↔ 敎(가르칠 교)

丶 亠 ㅓ ㅕ ㅕ 臼 臼 與 與 學 學	一 十 十 木 木 村 朴 朴 校 校
學　學　學	校　校　校

먼저 선	날 생
先	生
ㄦ부 4획	生부 0획

🌷 율곡 선생(先生)께서 임진왜란을 예견하신 것은 널리 알려진 사실이다.

teacher[티이춰] 선생

- 선배(先輩): 같은 분야에서 자기보다 먼저 일을 시작한 사람.
- 우선(優先): 다른 것보다 먼저 다루어지는 것.
- 생물(生物): 생명이 있는 동물과 식물.
- 고생(苦生): 애를 쓰고 수고하는 것.

뜻이 상대되는 한자

先(먼저 선) ↔ 後(뒤 후)

ノ ㄧ ㅗ 半 先 先			ノ ㄧ ㅗ 牛 生		
先	先	先	生	生	生

날 출 出
ㄴ부 3획

자리 석 席
巾부 7획

🌷 선생님은 출석(出席)을 부르시더니 교과서를 펴 들고 수업을 시작하셨다.

presence[프레즌스] 출석

- 출발(出發): (목적지를 향해) 길을 떠나는 것.
- 탈출(脫出): (일정한 환경·구속 따위에서) 몸을 빠져 나오는 것.
- 석차(席次): 성적에 따른 등수.
- 참석(參席): 어떤 자리나 모임에 끼이는 것.

뜻이 상대되는 한자
出(날 출) ↔ 入(들 입)

ㅣㅏ屮出出			ㆍ亠广广产产产庐席席		
出	出	出	席	席	席

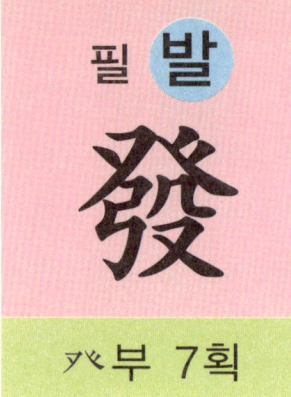
필 **발**
發
癶부 7획

겉 **표**
表
衣부 3획

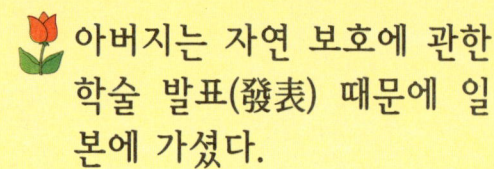
🌷 아버지는 자연 보호에 관한 학술 발표(發表) 때문에 일본에 가셨다.

announcement[어나운스먼트] 발표

- 발달(發達): (사물이나 현상이) 이전보다 더 낫게 변하는 것.
- 만발(滿發): 많은 꽃이 한꺼번에 활짝 핌.
- 표현(表現): (자신의 생각이나 감정 등을) 드러내어 나타내는 것.
- 공표(公表): 공개하여 널리 알리는 것.

뜻이 상대되는 한자

表(겉 표) ↔ 裏(속 리)

ㄱ ㄱ´ 癶 癶 癶 癶 登 登 發 發	一 十 土 キ 丰 丰 耂 耂 表
發 發 發	表 表 表

20

꽃 화
花
艸(艹)부 4획

단 단
壇
土부 13획

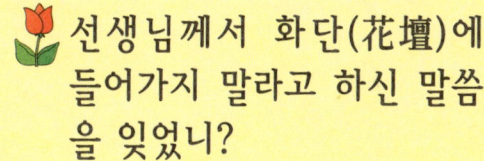선생님께서 화단(花壇)에 들어가지 말라고 하신 말씀을 잊었니?

flower bed[플라우어 베드] 화단

- 화분(花盆): 화초를 심는 그릇.
- 생화(生花): 살아 있는 나무나 화초에서 꺾은 꽃.
- 단상(壇上): 교단·강단 등의 단의 위.
- 교단(校壇): 학교의 운동장에 만들어 놓은 단.

헷갈리기 쉬운 한자

花(꽃 화) ≒ 化(화할 화)

' 一 艹 艹 艾 花 花			一 十 土 圹 圹 坮 壇 壇 壇 壇		
花	花	花	壇	壇	壇

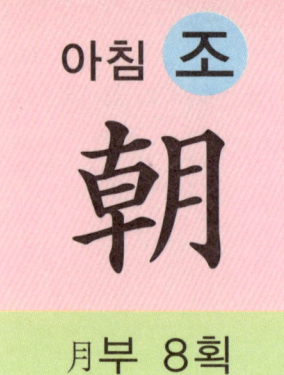

아침 **조**
朝
月부 8획

모일 **회**
會
日부 9획

🌷 오늘 아침 조회(朝會) 시간에 새로 오신 선생님과 인사를 나누었다.

morning meeting[모오닝 미이팅] 조회

- 조선(朝鮮): 이성계가 세운 나라.
- 왕조(王朝): 같은 왕가(王家)에 속하는 통치자의 계열.
- 회의(會議): 여럿이 모여 어떤 문제에 대하여 의논하는 것.
- 기회(機會): 어떠한 일이나 행동을 하기에 알맞거나 효과적인 때.

뜻이 상대되는 한자

朝(아침 조) ↔ 夕(저녁 석)

一 十 十 古 古 占 宣 車 朝 朝　　ノ 人 人 人 수 슈 命 俞 會 會

朝	朝	朝	會	會	會

연습문제

❶ 각각의 한자어에 맞는 음(音)을 줄로 이으세요.

先生 ·　　　　　· 학교
出席 ·　　　　　· 선생
學校 ·　　　　　· 출석
朝會 ·　　　　　· 발표
發表 ·　　　　　· 화단
花壇 ·　　　　　· 조회

❷ 각 낱말에 맞는 한자어를 찾아 ○하세요.

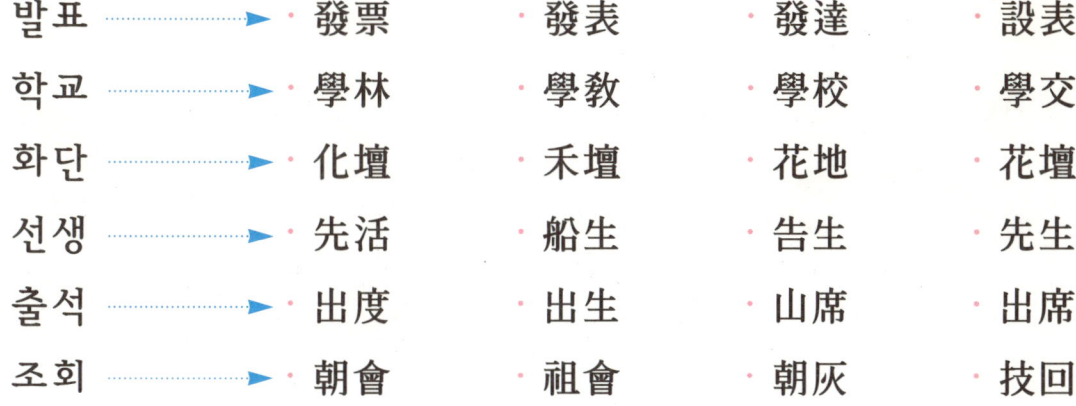

❸ 각 한자와 뜻이 상대되는 한자를 보기에서 찾아 쓰세요.

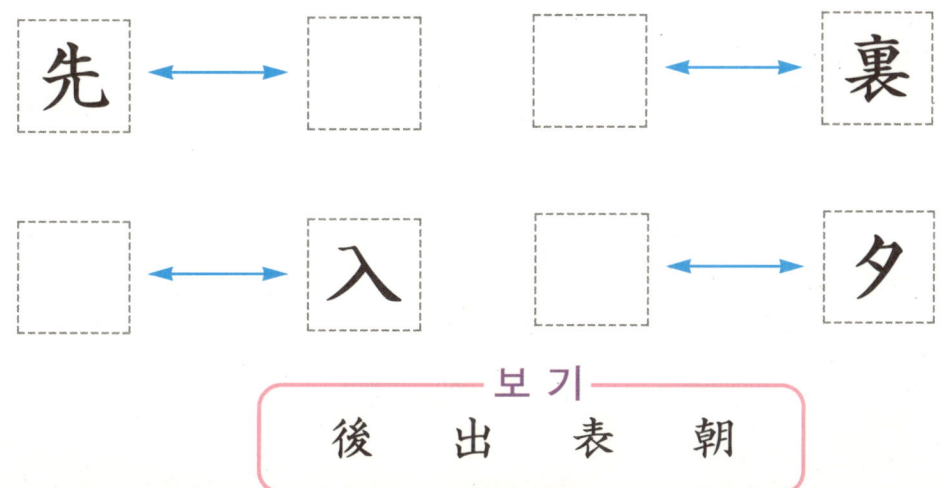

── 보 기 ──
後　出　表　朝

뜻이 상대되는 한자끼리 합쳐서 만든 낱말

다소(多少)	많고 적음	명암(明暗)	밝고 어두움
대소(大小)	사물의 크고 작음	생사(生死)	살고 죽음
고저(高低)	높고 낮음	귀천(貴賤)	귀하고 천함
희로(喜怒)	기쁨과 노여움	경중(輕重)	가볍고 무거움
애락(哀樂)	슬픔과 즐거움	득실(得失)	얻고 잃음
흥망(興亡)	흥하고 망함	문답(問答)	묻고 대답함
진퇴(進退)	나아가고 물러남	승패(勝敗)	이기고 짐

생각하는 만화 — 不眠症

不(아니 불) / 眠(잠잘 면) / 症(증세 증)

날 생	살 활	🌷 생활(生活) 속에서 얻는 작은 기쁨에 만족할 줄 아는 것이야말로 삶의 지혜이다.
生	活	
生부 0획	水(氵)부 6획	life[라이프] 생활

- 생수(生水): 샘에서 솟아 나오는 물.
- 탄생(誕生): (사람이) 세상에 태어나는 것.
- 활기(活氣): 활동의 원천이 되는 정기.
- 특활(特活): '특별 활동'의 준말.

뜻이 상대되는 한자

活(살 활) ↔ 死(죽을 사)

ノ ┌ 十 牛 生			丶 丶 氵 氵 汙 汗 浐 活 活		
生	生	生	活	活	活

살 주 住

人부 5획

집 택 宅

宀부 3획

🌷 오늘날의 주택(住宅)은 겨울에는 따뜻하고 여름에는 시원해서 살기에 편리하다.

house[하우스] 주택

◆주민(住民): 그 땅에 사는 백성.
◆거주(居住): 일정한 곳에 자리를 잡고 사는 일.
◆택지(宅地): 주택을 지을 땅. 집터.
◆저택(邸宅): 규모가 아주 큰 주택.

두 개 이상의 음을 가진 한자

宅은 댁으로 읽기도 합니다
→ 宅內(댁내), 宅(댁)

′ 亻 亻 亻 宀 什 住 住			′ 宀 宀 宀 宅		
住	住	住	宅	宅	宅

돌이킬 **반**	살필 **성**
# 反	# 省
又부 2획	目부 4획

🌷 사람은 반성(反省)할 줄 알아야 발전이 있다.

reflection[리플렉션] 반성

- 반항(反抗): 순순히 따르지 않고 맞서서 대들거나, 반대하여 저항하는 것.
- 상반(相反): 서로 반대되거나 어긋나는 것.
- 성찰(省察): (자기 자신이나 자신이 한 일을) 마음 속으로 되돌아보고 살피는 것.

또 다른 뜻과 음을 가진 한자

省(살필 성)은 덜 생이라고도 합니다 → 省略(생략)

一厂反反　　丨丨小少丬省省省

反　反　反　省　省　省

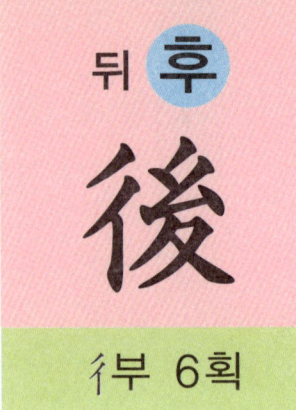
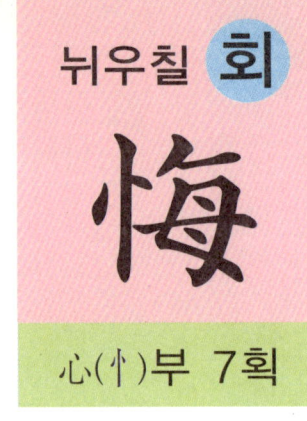
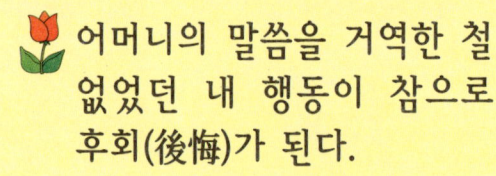

뒤 후
後
彳부 6획

뉘우칠 회
悔
心(忄)부 7획

🌷 어머니의 말씀을 거역한 철 없었던 내 행동이 참으로 후회(後悔)가 된다.

regret[리그렛] 후회

- 후세(後世): 다음 세상. 또는, 다음 세대의 사람들.
- 전후(前後): 일의 먼저와 나중.
- 회한(悔恨): 뉘우치고 한탄하는 것.
- 참회(懺悔): 자기의 잘못에 대하여 깊이 뉘우치는 것.

뜻이 상대되는 한자

後(뒤 후) ↔ 前(앞 전)

｀ ｸ ｲ ｲ 彳 彳 伐 徔 後

｀ ｀ 忄 忄 忄 忙 悔 悔 悔 悔

後　後　後　　悔　悔　悔

날 **일**	기록할 **기**
日	記
日부 0획	言부 3획

🌷 꾸준히 일기(日記)를 쓰는 것은 작문 실력을 높이는 데 큰 도움이 된다.

diary[다이어리] 일기

- 일상(日常): 날마다. 평소.
- 매일(每日): 한결같거나 변함 없는 각각의 날.
- 기록(記錄): (어떤 사실이나 내용을 필기 도구로) 글자를 이루어 나타내는 것.
- 수기(手記): 자기의 뜻있는 체험을 남들에게 알리기 위해 쓴 글.

헷갈리기 쉬운 한자

日(날 일) ≒ 曰(가로되 왈)

丨 冂 日 日	丶 亠 亠 宀 言 言 言 訁 記 記
日　日　日	記　記　記

옷 의	옷 복
# 衣	# 服
衣부 0획	月부 4획

 값비싼 의복(衣服)이 꼭 좋은 것만은 아니다.

clothes[클로우즈] 의복

- 의상(衣裳): 겉에 입는 옷. 특히, 예술적으로 표현된 옷을 이르는 말.
- 상의(上衣): 위에 입는 옷.
- 복장(服裝): 옷을 입은 상태나 격식.
- 교복(校服): 학교에서 특별히 정하여 학생들에게 일제히 입게 하는, 똑같은 색깔과 모양으로 된 옷.

신기한 한자

人(사람 인) + 衣(옷 의)
→ 依(의지할 의)

ㅗ ㅏ ナ 才 衣 衣			丿 月 月 月 肌 服 服 服		
衣	衣	衣	服	服	服

연습문제

❶ 다음 낱말 중에서 한자가 틀린 것을 모두 찾아 ○하세요.

생활 – 生治   의복 – 衣服
후회 – 後悔   반성 – 右省
주택 – 住宅   일기 – 一記

❷ ☐ 안에 알맞은 한자를 보기에서 찾아 쓰세요.

· ☐ 宅 단지   · 그림 日 ☐

· 문화 ☐ 活   · 衣 ☐ 판매

────── 보 기 ──────
反 記 服 自 生 省 住 活

❸ 다음 한자의 훈과 음을 (　) 안에 써 넣으세요.

日 (　　　)   後 (　　　)
生 (　　　)   衣 (　　　)
反 (　　　)   悔 (　　　)

❹ 알맞은 한자끼리 줄로 이어 낱말을 만들어 보세요.

衣 ·   · 悔
生 ·   · 省
住 ·   · 服
後 ·   · 宅
反 ·   · 記
日 ·   · 活

31

석 자로 된 한자어

大統領(대통령) : 외국에 대하여 국가를 대표하는 국가의 원수.
教科書(교과서) : 학교에서 교육을 위하여 사용되는 학생들의 주된 교재.
運動場(운동장) : 체육 및 오락을 위해 여러 가지 설비를 갖춘 일정한 지역.
報告書(보고서) : 보고하는 글이나 문서.
感想文(감상문) : 어떤 사물이나 현상을 보거나 겪고서 느낀 생각을 적은 글.
新聞社(신문사) : 신문을 발행하는 회사.
放送局(방송국) : 일정한 시설을 갖추어 방송을 하는 기관.
成績表(성적표) : 성적을 기록한 표.

實驗中

實(열매 실) / 驗(경험 험) / 中(가운데 중)

친할 **친**	겨레 **척**
親	戚
見부 9획	戈부 7획

🌷 가까운 이웃이 먼 친척(親戚)보다 낫다는 말도 있다.

relative[렐러티브] 친척

- ◆ 친밀(親密): 지내는 사이가 아주 가깝고 친함.
- ◆ 절친(切親): (사람이 어떤 사람과) 아주 친함.
- ◆ 척신(戚臣): 임금과 척분이 있는 신하.
- ◆ 인척(姻戚): 혼인 관계를 통하여 이루어지는 친척.

뜻이 같은 한자

戚(겨레 척) = 族(겨레 족)

亠 亣 产 辛 亲 亲 新 新 親 親	厂 厂 厂 厈 厈 床 戚 戚 戚
親　親　親	戚　戚　戚

조상 조 祖
示부 5획

위 상 上
一부 2획

🌷 우리 조상(祖上)은 뛰어난 문화 유산들을 후손에게 남겼다.

ancestor[앤쎄스터] 조상

- 조국(祖國): 조상 때부터 대대로 살아 온 나라.
- 고조(高祖): 할아버지의 할아버지.
- 상류(上流): 강 따위의 흐르는 물의 근원에 가까운 곳.
- 향상(向上): (기능·지위·수준 등이) 높아지거나 나아지는 것.

뜻이 상대되는 한자어

祖上(조상) ↔ 後孫(후손)

一 二 示 示 示 和 祀 袓 祖	丨 卜 上
祖 祖 祖	上 上 上

아들 자
子
子부 0획

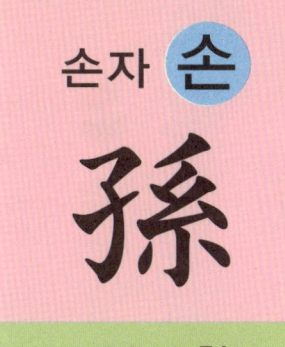
손자 손
孫
子부 7획

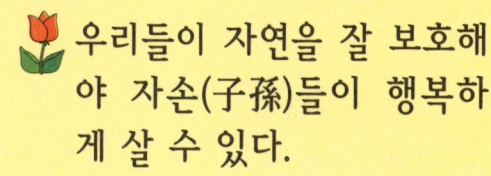
🌷 우리들이 자연을 잘 보호해야 자손(子孫)들이 행복하게 살 수 있다.

descendant[디쎈던트] 자손

- 자모(子母): 아들과 어머니.
- 양자(養子): 아들 없는 집에서 대(代)를 잇기 위하여 데려온 남자 아이.
- 손자(孫子): 자녀의 아들.
- 현손(玄孫): 손자의 손자.

뜻이 상대되는 한자어

子孫(자손) ↔ 先祖(선조)

ㄱ 了 子			ㄱ 了 子 孑 孒 孫 孫 孫 孫		
子	子	子	孫	孫	孫

기세 세	힘 력
勢	力
力부 11획	力부 0획

🌷 왕건은 고향인 송도에서부터 차츰 세력(勢力)을 넓혀 나갔다.

power[파우어] 세력

- 세도(勢道): 정치상의 권세. 또는, 그 권세를 마구 휘두르는 일.
- 기세(氣勢): 남이 두려워하리만큼 세차게 뻗치는 힘.
- 실력(實力): 실제의 역량.
- 역도(力道): 역기를 양손으로 들어올려 그 무게를 겨루는 경기.

헷갈리기 쉬운 한자

勢(기세 세) ≒ 熱(더울 열)

一 十 耂 耂 走 坴 坴丿 坴九 埶 勢	フ 力
勢	力

석 **삼**
三
一부 2획

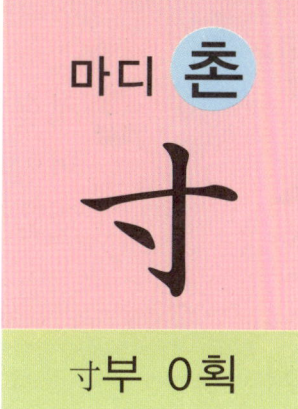
마디 **촌**
寸
寸부 0획

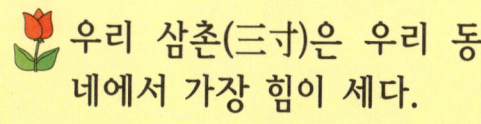
🌷 우리 삼촌(三寸)은 우리 동네에서 가장 힘이 세다.

uncle[엉클] 삼촌

- 삼국(三國): 세 나라. 신라·백제·고구려의 세 나라.
- 삼대(三代): 아버지와 아들과 손자의 세대. 삼세.
- 촌락(村落): 시골의 마을.
- 사촌(四寸): 아버지의 친형제의 아들·딸. 같은 항렬이며, 할아버지가 같음.

신기한 한자

木(나무 목) + 寸(마디 촌) → 村(마을 촌)

一 二 三			一 寸 寸		
三	三	三	寸	寸	寸

마실 음	밥 식	🌷 적당하게 음식(飮食)을 먹어야 뚱뚱하게 살이 찌는 것을 예방할 수 있다.
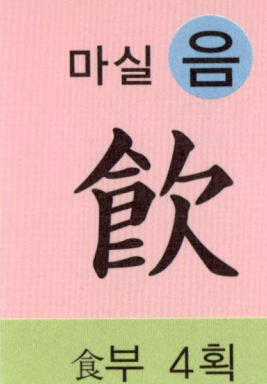		
食부 4획	食부 0획	food[푸우드] 음식

- 음료(飮料): 주로 상업적인 목적으로 제조한 액체.
- 시음(試飮): (음료수·술 따위를) 맛보기 위하여 마셔 보는 것.
- 식량(食糧): 음식을 만들어 먹을 수 있는 곡식이나 감자·고구마 따위.
- 양식(糧食): 끼니를 이을 곡식.

헷갈리기 쉬운 한자

飮(마실 음) ≒ 飯(밥 반)

ㅅ ㅅ 亽 今 仐 拿 倉 拿 갃 飮 飮	ノ 人 亼 今 今 今 仐 仑 食 食
飮 飮 飮	食 食 食

연습문제

❶ 다음 한자어 중에서 바르게 읽지 않은 것을 모두 찾아 ○하세요.

子孫 – 자손   飮食 – 음식

親戚 – 친구   勢力 – 세도

祖上 – 조상   三寸 – 사촌

❷ 다음 문장의 (   ) 안에 알맞은 한자어를 보기에서 찾아 쓰세요.

── 보 기 ──
祖上   子孫   親戚   三寸   飮食   勢力

★ 맛있다고 음식(   )을 편식하면 안 된다.
★ 동물들은 세력(   ) 다툼에서 이겨야 살아 남는다.
★ 먼 데 사는 친척(   )보다 가까운 이웃이 낫다.
★ 우리 민족에겐 조상(   )을 극진히 섬기는 풍속이 있다.
★ 자연을 잘 보호해야 자손(   )들이 행복하게 살 수 있다.

❸ 다음 한자의 훈과 음을 (   ) 안에 써 넣으세요.

力(   )   寸(   )

親(   )   食(   )

孫(   )   飮(   )

❹ 각각의 뜻풀이에 알맞은 한자어를 써 넣으세요.

★ 권력이나 기세의 힘 (   ) ★ 자식과 손자 (   )
★ 돌아가신 어버이 위로 대대의 어른 (   )
★ 아버지의 형제를 이르거나 부르는 말 (   )
★ 사람이 먹을 수 있게 만든 밥이나 국, 반찬 등의 물질 (   )

오륜(五倫)이란 무엇인가요?

우리 조상들은 사람으로서 지켜야 할 다음의 다섯 가지 도리, 즉 **오륜(五倫)**을 매우 중하게 여겨 이를 지키려고 노력하였습니다.

- 부자유친(父子有親) : 아버지와 아들, 즉 부모와 자식은 서로 사랑해야 한다.
- 군신유의(君臣有義) : 임금과 신하 사이에는 의리(義理)를 지켜야 한다.
- 부부유별(夫婦有別) : 부부간에는 엄격히 지켜야 할 인륜의 구별이 있다.
- 장유유서(長幼有序) : 어른과 어린이 사이에는 차례가 있다.
- 붕우유신(朋友有信) : 벗(친구) 사이에는 믿음이 있어야 한다.

생각하는 만화

合乘

룰룰 라라~
뛰뛰 빵빵

어이, 동생! 합승 좀 하자.

싫어.
왜?

형은 너무 무거워.

너, 승차 거부했것다? 고발할 거야.

퍽

뭐가 승차 거부야? 너야말로 무임 승차 아냐? 혼나 볼래?

에구구, 우리 엄만 못 당해.

合(합칠 합) / 乘(탈 승)

길 **도**	덕 **덕**	🌷 선진 시민이라면 스스로 도덕(道德)을 잘 지킬 마음가짐을 가져야 한다.
道	德	
辶부 9획	彳부 12획	morality[머랠러티] 도덕

- ◆ 도구(道具): 사람이 일을 할 때, 쉽고 능률적으로 하기 위해 주로 손으로 잡고 사용하는 물건.
- ◆ 정도(正道): 올바른 길 또는 도리.
- ◆ 덕분(德分): 남이 베풀어 준 은혜나 도움이나 배려.
- ◆ 미덕(美德): 아름다운 덕행.

헷갈리기 쉬운 한자

道(길 도) ≒ 導(이끌 도)

丶丷䒑䒑产首首首道道　彳彳彳彳徝徝徝德德德

道	道	道	德	德	德

41

충성 **충**
忠
心부 4획

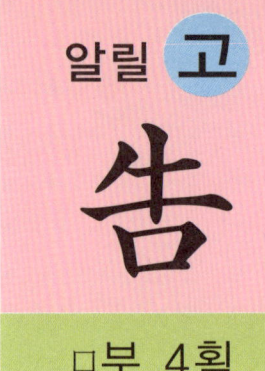

알릴 **고**
告
口부 4획

🌷 참다운 친구는 친구를 위해 진실한 충고(忠告)를 할 수 있어야 한다.

advice[어드바이스] 충고

- 충성(忠誠): 몸과 마음을 다 바치는 것.
- 충신(忠臣): 임금에게 충성을 다하는 신하.
- 고백(告白): 마음 속에 생각하고 있는 것이나 감추어 둔 것을 숨김 없이 말함.
- 권고(勸告): (어떤 일을) 하도록 말하여 권하는 것.

헷갈리기 쉬운 한자

告(알릴 고) ≒ 苦(쓸 고)

丨 口 口 中 忠 忠 忠			ノ 一 ヒ 生 牛 告 告		
忠	忠	忠	告	告	告

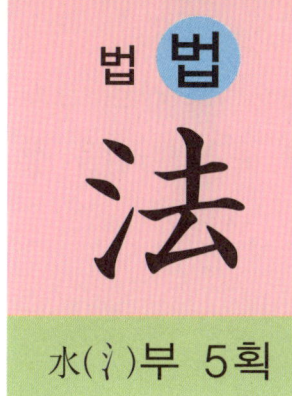
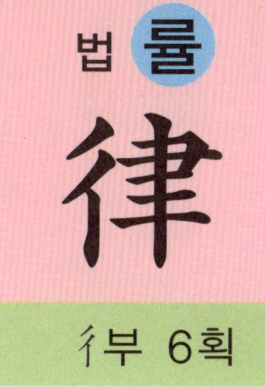

🌷 일반 규칙과 달라서, 법률(法律)은 함부로 개정할 수 없다.

law[로오] 법률

◆ 법관(法官): 법원을 구성하고 대법원 또는 각급 법원에서 재판을 맡은 공무원.
◆ 헌법(憲法): 국가 기관의 조직 및 작용에 대한 기본적 원칙과 국민의 기본적 권리·의무 등을 규정한 근본법.
◆ 규율(規律): 질서를 유지하기 위하여 정해 놓은, 행위의 준칙이 되는 본보기.

헷갈리기 쉬운 한자

律(법 률) ≒ 津(나루 진)

` ゛氵汁泮法法    ′ ⺅⼻⾏⾏⾏律律律`

법 **규**
規
見부 4획

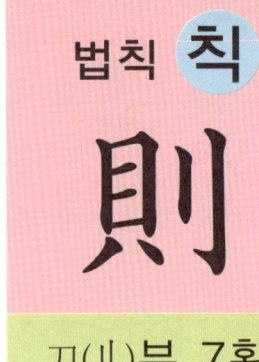
법칙 **칙**
則
刀(刂)부 7획

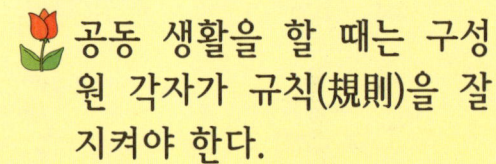
🌷 공동 생활을 할 때는 구성원 각자가 규칙(規則)을 잘 지켜야 한다.

rule[루울] 규칙

- 규범(規範): 마땅히 따르고 지켜야 할 본보기나 법식.
- 법규(法規): 법률의 규정.
- 원칙(原則): 많은 경우에 적용되는 기본적인 규칙이나 법칙.
- 반칙(反則): 운동 경기나 게임 등의 규칙을 어기는 것.

또 다른 뜻과 음을 가진 한자

則(법칙 칙)은 곧 즉이라고도 해요. 卽(곧 즉)과 쓰임이 비슷합니다.

一 二 * * * * * * 規			ㅣ ㄇ ㄇ ㅌ ㅌ ㅌ ㅌ 則		
規	規	規	則	則	則

공경할 경	늙을 로
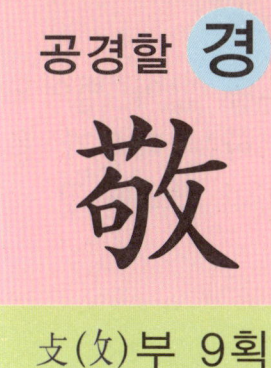	
攴(攵)부 9획	老부 0획

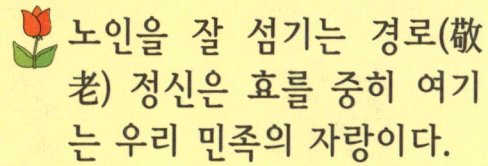

노인을 잘 섬기는 경로(敬老) 정신은 효를 중히 여기는 우리 민족의 자랑이다.

respect for the old[리스펙트 퍼 디 오울드] 경로

- 경건(敬虔): 초월적이거나 위대한 대상 앞에서 우러르는 마음으로 삼가는 상태.
- 존경(尊敬): 받들어 공경하는 것.
- 노약(老弱): 늙고 약함.
- 불로(不老): 늙지 않음.

헷갈리기 쉬운 한자

老(늙을 로) ≒ 考(상고할 고)

艹 艾 芍 芍 苟 苟 苟 苟 敬 敬	一 十 土 耂 耂 老
敬 敬 敬	老 老 老

마디 절	묶을 약
節	約
竹부 9획	糸부 3획

🌷 아무리 돈을 많이 벌어도 절약(節約)하는 태도가 몸에 배어 있지 않으면 잘 살 수 없다.

economy[이카너미] 절약

- 절전(節電): 전기를 아끼는 것.
- 환절(換節): 계절이 바뀌는 것.
- 약속(約束): (어떤 사람이 장래에 어떤 일을 할 것을) 미리 정하여 두는 것.
- 언약(言約): (어떤 일을) 말로 약속하는 것. 또는, 그 약속.

뜻이 상대되는 한자어

節約(절약) ↔ 奢侈(사치)

⺮ 笁 笁 笁 笁 笁 笁 笁 節 節	ˊ ˊ ˊ ˊ ˊ 糸 糸 紆 約 約
節 節 節	約 約 約

연습문제

❶ 다음 한자의 훈과 음을 ( ) 안에 써 넣으세요.

老(　　　)　　法(　　　)

告(　　　)　　則(　　　)

德(　　　)　　約(　　　)

❷ 각각의 뜻풀이에 알맞은 한자를 보기에서 찾아 쓰세요.

★ 노인을 공경하는 것 (　　　)

★ 지키도록 정해 놓은 질서나 원칙 (　　　)

★ 남의 허물을 충심으로 타이르는 것 (　　　)

★ 헛되지 않게 꼭 필요한 데만 써서 적게 들게 하는 것 (　　　)

★ 사회의 질서를 유지하기 위해 법으로 정한 규범 (　　　)

―― 보 기 ――
忠告　　法律　　敬老　　規則　　節約

❸ 한자어가 잘못된 것을 모두 찾아 ○하세요.

규칙 – 規則　　　충고 – 忠古

법률 – 治律　　　경로 – 敬孝

도덕 – 道德　　　절약 – 節弱

❹ 알맞은 한자끼리 줄로 이어 낱말을 만들어 보세요.

忠 ★　　　　　★ 約

道 ★　　　　　★ 告

節 ★　　　　　★ 律

法 ★　　　　　★ 德

두 가지 이상의 음(音)을 가진 한자

北 : ① 북녘 북 → 북한(北韓)　② 달아날 배 → 패배(敗北)
車 : ① 수레 거 → 자전거(自轉車)　② 수레 차 → 자동차(自動車)
降 : ① 내릴 강 → 강우량(降雨量)　② 항복할 항 → 항복(降伏)
復 : ① 회복할 복 → 복귀(復歸)　② 다시 부 → 부흥(復興)
便 : ① 편할 편 → 편리(便利)　② 똥오줌 변 → 변소(便所)
惡 : ① 악할 악 → 악명(惡名)　② 미워할 오 → 증오(憎惡)
拾 : ① 주울 습 → 습득(拾得)　② 열 십 → 오십(五拾)
識 : ① 알 식 → 지식(知識)　② 기록할 지 → 표지(標識)

決心

決(틀 결) / 心(마음 심)

공변될 공	동산 원
公	園
八부 2획	囗부 10획

🌷 날씨도 더운데 공원(公園)에 가서 시원한 바람이나 쐬고 오자.

park[파아크] 공원

- ◆공무(公務): 국가·공공 단체의 사무. 또는, 여러 사람에 관한 일.
- ◆공공(公共): 국가나 사회의 구성원에게 공동으로 딸리거나 관계되는 것.
- ◆원예(園藝): 과일·채소·관상용 식물 등을 재배하는 것.
- ◆정원(庭園): 집 안의 뜰.

뜻이 상대되는 한자

公(공변될 공) ↔ 私(개인 사)

ノ 八 公 公　　丨 冂 冃 冏 周 周 園 園 園

公	公	公	園	園	園

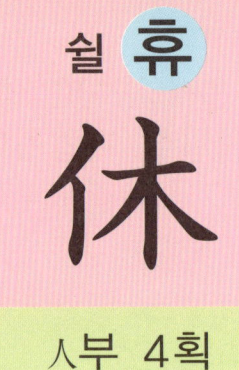
쉴 **휴**
休
人부 4획

숨쉴 **식**
息
心부 6획

🌷 사람에게는 적당한 휴식(休息)이 꼭 필요하다.

rest[레스트] 휴식

- 휴가(休暇): 학업 또는 근무를 일정한 기간 쉬는 일.
- 연휴(連休): 이틀 이상 계속되는 휴일.
- 소식(消息): 어떤 사람의 안부에 관한 기별이나 알림.
- 안식(安息): 근심 걱정 없이 편안하게 쉬는 것.

뜻이 상대되는 한자

休(쉴 휴) ↔ 勤(부지런할 근)

ノ 亻 亻 什 什 休			′ ⺀ 冂 甪 甪 自 自 息 息 息		
休	休	休	息	息	息

계절/끝 계	마디 절
季	節
子부 5획	竹부 9획

🌷 우리 나라는 봄·여름·가을·겨울의 계절(季節) 변화가 뚜렷한 살기 좋은 나라이다.

season[씨이즌] 계절

- ◆계간(季刊): 봄·여름·가을·겨울, 한 해에 네 번 책을 펴내는 일.
- ◆사계(四季): 봄·여름·가을·겨울의 네 계절.
- ◆절기(節氣): 한 해를 스물넷으로 나눈, 기후의 표준점.
- ◆동절(冬節): 겨울의 계절.

헷갈리기 쉬운 한자

季(계절/끝 계) ≒ 李(오얏 리)

一 二 千 千 禾 季 季 季			ᄼ ᅡᅡ ᅡᅡᅡ ᅡᅡᅡᅡ 節 節 節 節 節		
季	季	季	節	節	節

대답할 대	말할 화
對	話
寸부 11획	言부 6획

🌷 가까운 친구 사이일수록 자주 대화(對話)를 나누어야 더욱 친밀한 우정을 쌓아 나갈 수 있다.

conversation[칸버쎄이션] 대화

- ◆대상(對象): 어떤 일의 상대 또는 목표나 표적이 되는 것.
- ◆상대(相對): 서로 마주 대하는 것.
- ◆화술(話術): 감정이나 의사를 말로 명확하게 표현하는 기술. 말재주.
- ◆동화(童話): 동심에 바탕을 두고 지은 이야기.

신기한 한자

言(말씀 언)+舌(혀 설) → 話(말할 화)

" " " " " " " 圭 對 對	ㄱ ㄴ ㄹ ㄹ 言 言 言 訁 訐 話
對 對 對	話 話 話

호수 호	물 수	
湖	水	🌷 우리 동네에 있는 호수(湖水)는 온 마을 사람들의 휴식처이다.
水(氵)부 9획	水부 0획	lake[레이크] 호수

- ◆호반(湖畔): 호수의 가.
- ◆염호(鹽湖): 염분(소금기)이 많아서 물맛이 짠 호수.
- ◆수분(水分): 어떤 물건이나 물질이 포함하고 있는 물의 성분.
- ◆빙수(氷水): 얼음을 눈처럼 잘게 부수어 설탕·향미료 등을 섞은 청량 음료.

헷갈리기 쉬운 한자

水(물 수) ≒ 氷(얼음 빙)

氵 广 汁 汁 沽 沽 泃 湖 湖 湖			丨 刀 가 水		
湖	湖	湖	水	水	水

53

걸상 의	아들 자
# 椅	# 子
木부 8획	子부 0획

🌷 오랫동안 앉아서 일하는 사람에게는 과학적으로 설계된 좋은 의자(椅子)가 필요하다.

chair[췌어] 의자

- 교의(交椅): 의자.
- 탁자(卓子): 물건을 올려놓도록 책상 모양으로 만든 가구를 통틀어 일컬음.
- 액자(額子): 그림이나 사진 따위를 끼우는 틀.
- 자복(子福): 자식을 많이 두는 복.

헷갈리기 쉬운 한자

椅(걸상 의) ≒ 倚(기댈 의)

一 十 才 木 术 术 柞 棯 棯 椅 椅 　　 フ 了 子

椅	椅	椅	子	子	子

연습문제

❶ 다음 낱말 중에서 한자가 틀린 것을 모두 찾아 ○하세요.

    계절 - 李節   의자 - 倚字

    공원 - 公園   휴식 - 休息

    대화 - 對話   호수 - 湖永

❷ ( ) 안에 알맞은 한자어를 보기에서 찾아 쓰세요.

> 오후에 누나와 함께 공원(　　)에 산책을 나갔다. 호수(　　) 가장자리를 따라 몇 개의 의자(　　)가 놓여 있었다.
> 산책 나온 가족들이 여기저기 의자에 앉아서 도란도란 대화(　　)를 나누며 휴식(　　)을 취하고 있었다.

───── 보 기 ─────
公　椅　對　息　休　湖　水　園　話　子

❸ 짝지어진 한자어의 □에 똑같이 들어갈 한자를 보기에서 찾아 써 넣으세요.

對□　　童□　　□息　　□日

□園　　□共　　□節　　□夏

湖□　　□泳　　椅□　　□額

───── 보 기 ─────
話　公　水　休　季　子

 **뜻이 비슷한 한자끼리 합쳐서 만든 낱말**

가옥(家屋)	가택(家宅)	감시(監視)	거대(巨大)	경쟁(競爭)	계단(階段)
과실(果實)	교훈(敎訓)	연세(年歲)	도착(到着)	도로(道路)	병졸(兵卒)
사고(思考)	사상(思想)	수목(樹木)	시험(試驗)	신체(身體)	언어(言語)
연속(連續)	온난(溫暖)	육신(肉身)	은혜(恩惠)	음성(音聲)	의복(衣服)
의사(意思)	자태(姿態)	저축(貯蓄)	전쟁(戰爭)	정직(正直)	제왕(帝王)
존재(存在)	주홍(朱紅)	증가(增加)	지식(知識)	층계(層階)	칭찬(稱讚)
토지(土地)	하천(河川)	한랭(寒冷)	행복(幸福)	황제(皇帝)	희망(希望)

 會社

아들아!

왜요?

너는 이다음에 뭐가 되고 싶니?

전 이다음에 커서 **회사**를 차릴 거예요.

회사 차리는 게 그렇게 쉬운 줄 아니?

아주아주 잘 될 거예요. 틀림없어요.

대체 무슨 회사인데 그렇게 잘 되니?

숙제 대신 해 주는 회사요. 전국의 학생들이 고객이 될 테니까요.

會(모일 회) / 社(모일 사)

집 우 宇

⺷부 3획

집 주 宙

⺷부 5획

🌷 광활한 우주(宇宙) 속에는 우리가 이루 셀 수 없는 수많은 별들이 빛나고 있다.

universe[유우너버어스] 우주

- ◆ 우주선(宇宙船): 우주 공간을 비행할 수 있도록 만든 과학적인 비행 물체.
- ◆ 우주복(宇宙服): 우주 여행 때에 입도록 특수하게 만든 옷.
- ◆ 우주인(宇宙人): 공상 과학 소설 등에서 지구 이외의 천체에 존재한다고 생각되고 있는 인간형의 지적 생명체.

뜻이 같은 한자

宇(집 우) = 宙(집 주) = 宅(집 택) = 家(집 가)

`丶丶宀宀宇宇`

宇 宇 宇

`丶丶宀宀宀宙宙宙`

宙 宙 宙

땅 지 	공/구슬 구 	🌷 우리가 살고 있는 지구(地球)는 우주에서 보면 푸른 색 별로 보이는데, 그 이유는 물이 많아서라고 한다.
地	球	
土부 3획	玉(王)부 7획	earth[어어쓰] 지구

◆ 지도(地圖): 지구 표면의 상태를 일정한 비율로 줄여서 평면 위에 나타낸 그림.
◆ 토지(土地): 경지·주택 등으로 하는 지면.
◆ 구기(球技): 공을 사용하는 운동 경기.
◆ 탁구(卓球): 네트를 치고 공을 라켓으로 쳐 넘겨 승부를 겨루는 실내 경기.

헷갈리기 쉬운 한자

地(땅 지) ≒ 他(다를 타)

一十土圹地地　　一丁王王玗玗玗球球球

地	地	地	球	球	球

클 **태**	볕 **양**	🌷 어머니는 자녀들에게 있어서 마치 태양(太陽)과 같은 없어서는 안 될 귀중한 존재이다.
太	陽	
大부 1획	阝부 9획	sun[썬] 태양

- 태고(太古): 아주 먼 옛날.
- 태평(太平): 나라가 안정되어 아무 걱정 없고 평안한 것.
- 양지(陽地): 볕이 바로 드는 땅.
- 석양(夕陽): 저녁때의 해. 또는, 그 햇빛.

뜻이 상대되는 한자

陽(볕 양) ↔ 陰(응달 음)

一 ナ 大 太	了 阝 阝¹ 阝² 阝³ 阝⁴ 阝⁵ 陽 陽
太　太　太	陽　陽　陽

비 **혜**	별 **성**
彗	星
⼳부 8획	日부 5획

그는 우리 나라 음악계에 혜성(彗星)과 같이 나타난 신인 음악가이다.

comet[카밋] 혜성

◆ 혜성가(彗星歌): 신라 진평왕 때에 융천사가 지은 10구체 향가. 혜성을 물리치고자 부른 노래임.
◆ 성좌(星座): 별자리.
◆ 금성(金星): 태양계의 두 번째 행성. 수성과 지구 사이에 있음.

헷갈리기 쉬운 한자

星(별 성) ≒ 晟(밝을 성)

ㄱ ㄱ ㄷ ㅌ ㅌ ㅌ 彗 彗 彗 彗	ㅣ ㄱ ㄲ 日 ㅌ ㅌ 尸 星 星
彗　彗　彗	星　星　星

60

은 **은**	강 이름 **하**
# 銀	# 河
金부 6획	水(氵)부 5획

🌷 지구가 속해 있는 태양계는 우주 안의 무수한 은하(銀河) 중의 하나이다.

galaxy[갤럭씨] 은하

- 은행(銀行): 예금을 받아들이고 자금을 대출하는 등의 업무를 하는 금융 기관.
- 금은(金銀): 금과 은.
- 하천(河川): 강과 내를 아울러 일컫는 말.
- 빙하(氷河): 만년설이 거대한 얼음으로 변하여 비탈면을 흘러내려와 강처럼 흐르는 것.

재미있는 한자어

강과 바다란 뜻의 河海는 넓고 큰 것이나 마음씨가 깊고 두터움을 비유합니다.

ノ ᅩ 午 숏 金 金 釘 鉀 銀 銀	丶 冫 氵 沪 沪 沪 河
銀 銀 銀	河 河 河

바다 해	바다 양
海	洋
水(氵)부 7획	水(氵)부 6획

🌷 수산 자원을 개발하려면 우선 먼저 해양(海洋)의 생태에 관한 조사가 선행되어야 한다.

sea[씨이] 바다

- ◆해군(海軍): 함정을 주력으로 하여 바다에서의 전투를 주임무로 하는 군대.
- ◆근해(近海): 육지에 가까운 바다.
- ◆양복(洋服): 서양식 의복.
- ◆동양(東洋): 유라시아 대륙의 동부 지역.

뜻이 비슷한 한자어

海洋(해양) ≡ 大洋(대양)

丶丶氵汀汇海海海海			丶丶氵汀汗洋洋洋		
海	海	海	洋	洋	洋

연습문제

❶ 각각의 한자어에 맞는 음(音)을 줄로 이어 보세요.

海洋 ·　　　　　　　· 지구
宇宙 ·　　　　　　　· 우주
地球 ·　　　　　　　· 해양
太陽 ·　　　　　　　· 태양
彗星 ·　　　　　　　· 은하
銀河 ·　　　　　　　· 혜성

❷ 각각의 뜻풀이에 알맞은 한자어를 보기에서 찾아 쓰세요.

★ 꼬리별 (　　　)
★ 무한한 공간과 유구한 시간 (　　　)
★ 하늘에 붙박이로 떠서 스스로 빛과 열을 내는, 지구 등 9개의 행성을 거느린 별 (　　　)
★ 태양계에 속하며 우리가 사는 천체 (　　　)
★ 태평양, 인도양, 대서양 등을 통틀어 일컫는 말 (　　　)
★ 천구상에 남북으로 길게 분포되어 있는 수억의 별 무리 (　　　)

―보 기―
宇宙　海洋　地球
太陽　彗星　銀河

❸ 각 그림에 어울리는 한자어를 보기에서 찾아 (　　) 안에 쓰세요.

(　　)　　　(　　)　　　(　　)

―보 기―
山脈　海洋　地球　銀河　金星

태양계(太陽系)의 주요 별 이름

태양(太陽)	Sun	목성(木星)	Jupiter
수성(水星)	Mercury	토성(土星)	Saturn
금성(金星)	Venus	천왕성(天王星)	Uranus
지구(地球)	the Earth	해왕성(海王星)	Neptune
화성(火星)	Mars	명왕성(冥王星)	Pluto

始作

뭐 하니?

글짓기 숙제.

너 같은 돌머리가 글짓기를 할 수 있겠어?

뭐라고? 머리 나쁘면 글짓기도 못 할 줄 알아?

난 벌써 반이나 썼단 말야!

진짜?

시작이 반이라고 하잖아. 난 벌써 절반 썼다구.

始(비로소 시) / 作(만들 작)

사귈 교
交
亠부 4획

통할 통
通
辶부 7획

🌷 지하철이 개통되자 아침의 출근 시간과 저녁의 퇴근 시간의 교통(交通) 문제가 크게 개선되었다.

traffic[트래픽] 교통

- 교환(交換): 서로 바꾸는 것.
- 국교(國交): 나라와 나라 사이에 맺는 외교 관계.
- 통행(通行): (일정한 공간을) 통하여 다니는 것.
- 소통(疏通): 막히지 않고 잘 통하는 것.

헷갈리기 쉬운 한자

通(통할 통) ≒ 道(길 도)

' 亠 六 六 交 交			フ マ マ 甬 甬 甬 甬 甬 通		
交	交	交	通	通	通

65

편안할 安 / 온전할 全

安 편안할 안 — 宀부 3획

全 온전할 전 — 入부 4획

🌷 보기에 아름다운 건물도 좋지만, 무엇보다도 안전(安全)이 가장 중요하다.

safety[쎄이프티] 안전

- 안심(安心): 마음을 편히 가지는 것.
- 불안(不安): (마음이) 편안하지 않고 조마조마한 것.
- 전부(全部): 대상을 나누거나 빼거나 하지 않은 모두.
- 완전(完全): 모두 갖추어져 부족함이나 결함이 없는 것.

뜻이 상대되는 한자

安(편안할 안) ↔ 危(위태할 위)

` ´ ´ 宀 宀 安 安			ノ 入 へ 仝 주 주 全		
安	安	安	全	全	全

왼 좌	곁 측
左	側
工부 2획	人(亻)부 9획

🌷 차는 우측 통행이고 사람은 좌측(左側) 통행이라는 것은 어린 아이도 잘 안다.

left[렡트] 왼쪽

- 좌우(左右): 왼쪽과 오른쪽.
- 좌향좌(左向左): 선 자세에서 왼쪽으로 90° 돌라는 말.
- 측면(側面): 물체나 대상의 앞·뒤·중앙이 아닌, 옆이 되는 쪽이나 면.
- 우측(右側): 북쪽을 향했을 때의 동쪽과 같은 쪽. 오른편.

뜻이 상대되는 한자

左(왼 좌) ↔ 右(오른 우)

一ナナ左左			′亻亻㑹但但但但側側		
左	左	左	側	側	側

어길 위 違

辶부 9획

돌이킬 반 反

又부 2획

🌷 정해진 횡단 보도를 건너가지 않고 아무 데서나 건너면 교통 위반(違反)이 된다.

violation[바이얼레이션] 위반

- 위약(違約): 약속을 어기는 것.
- 위헌(違憲): 법률이나 명령·규칙 등이 헌법에 위반되는 일.
- 반응(反應): 말이나 대상 등으로 인해, 표정이나 태도 등의 변화를 보이는 일.
- 배반(背反): 등지고 저버리는 것.

뜻이 상대되는 한자

違(어길 위) ↔ 遵(좇을 준)

⼀ ナ 肀 韋 韋 韋 韋 違 違	⼀ 厂 厅 反
違 違 違	反 反 反

순할 순	차례 서
順	序
頁부 3획	广부 4획

🌷 버스 정류장에서 사람들이 줄을 지어 차분히 순서(順序)대로 버스에 타는 것을 보면 마음이 흐뭇해진다.

method[메써드] 순서

- ◆순위(順位): 차례를 나타내는 자리.
- ◆무순(無順): 배열하거나 분류함에 있어서 일정한 순서가 없는 것.
- ◆서열(序列): 어떤 기준에서, 순서를 따라 늘어섬.
- ◆서막(序幕): 연극 등에서, 처음에 인물, 사건 등을 예비적으로 보여 주는 막.

뜻이 비슷한 한자어

順序(순서) ≡ 次例(차례)

丿 丿 川 川 川 順 順 順 順　　丶 亠 广 庐 序 序

順　順　順　　序　序　序

일 사

事

亅부 7획

연고/고향 고

故

攴(攵)부 5획

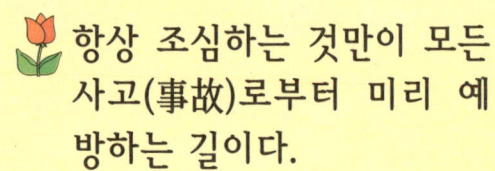

항상 조심하는 것만이 모든 사고(事故)로부터 미리 예방하는 길이다.

accident[액씨던트] 사고

- 사건(事件): 세상 사람들의 관심을 집중시키는 어떤 일.
- 행사(行事): (계획에 의하여) 어떤 일을 시행하는 것.
- 고향(故鄕): 나서 자란 고장.
- 유고(有故): 특별한 사정이나 사고가 있는 것.

헷갈리기 쉬운 한자

故(고향 고) ≒ 姑(시어미 고)

一 𠂎 𠮛 𠮛 㝵 㝵 㝵 事			一 十 𠂇 古 古 古' 古ケ 故 故		
事	事	事	故	故	故

연습문제

❶ 우리말에 알맞은 한자어를 찾아 줄로 이으세요.

안전 ·　　　　　　　· 事故
위반 ·　　　　　　　· 順序
좌측 ·　　　　　　　· 交通
사고 ·　　　　　　　· 安全
교통 ·　　　　　　　· 左側
순서 ·　　　　　　　· 違反

❷ 짝지어진 한자어의 □에 똑같이 들어갈 한자를 써 넣으세요.

보기
安　順　左　反　交　全

違□　　□應　　□側　　□右
□通　　□國　　□序　　□式
□全　　□不　　□部　　□完

❸ 각 그림에 어울리는 한자어를 보기에서 찾아 ( ) 안에 쓰세요.

(　　)　　(　　)　　(　　)

보기
順序　事故　違反

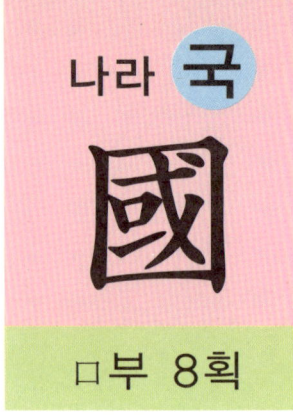
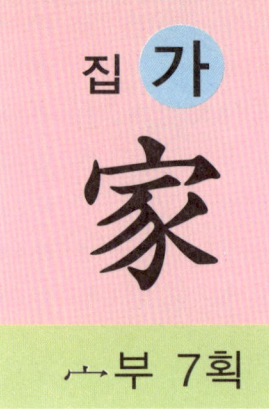
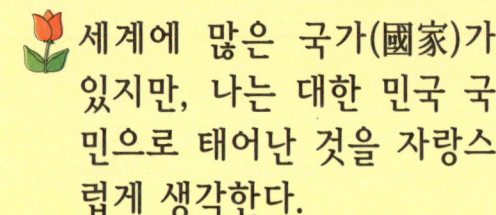

나라 국
國
口부 8획

집 가
家
宀부 7획

🌷 세계에 많은 국가(國家)가 있지만, 나는 대한 민국 국민으로 태어난 것을 자랑스럽게 생각한다.

nation[네이션] 국가

- 국민(國民): 국가를 구성하는 사람. 또는, 그 나라 국적을 가진 사람.
- 조국(祖國): 조상 때부터 살아 온 나라.
- 가정(家庭): 한 가족을 단위로 하여 이루어진 생활 공동체.
- 애국가(愛國歌): 나라 사랑하는 마음을 일깨우기 위한 노래.

줄여서 쓰기도 하는 한자

國은 줄여서 国으로 쓰기도 합니다.

丨 冂 冂 冃 冋 冋 國 國 國 國			丶 宀 宀 宀 宁 宇 家 家 家		
國	國	國	家	家	家

나라 이름 **한**	나라 **국**
# 韓	# 國
韋부 8획	口부 8획

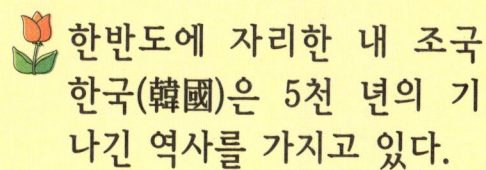

한반도에 자리한 내 조국 한국(韓國)은 5천 년의 기나긴 역사를 가지고 있다.

Korea[커리이어] 한국

- 한지(韓紙): 닥나무 등의 섬유를 원료로 하여 우리 고유의 제조법으로 뜬 종이.
- 대한(大韓): '대한 민국'의 준말.
- 국회(國會): 국민이 선출한 의원으로 조직된 헌법상의 합의체인 입법 기관.
- 호국(護國): 외적으로부터 나라를 지키는 것.

삼한(三韓)은 어떤 나라?

상고 시대에 우리 나라 남쪽에 있던 세 나라. 마한(馬韓), 진한(辰韓), 변한(弁韓).

十 古 卓 卓 卓 韓 韓 韓 韓	丨 冂 冂 冂 冋 冋 國 國 國 國
韓 韓 韓	國 國 國

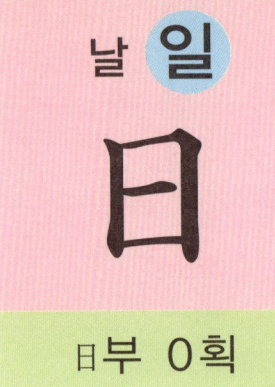 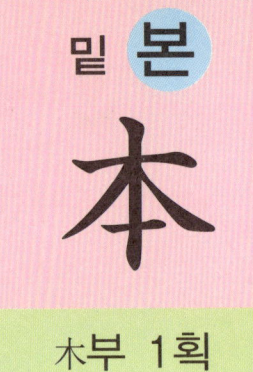 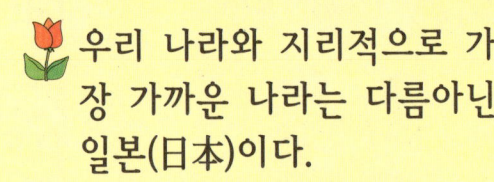

날 **일**
日
日부 0획

밑 **본**
本
木부 1획

🌷 우리 나라와 지리적으로 가장 가까운 나라는 다름아닌 일본(日本)이다.

Japan[저팬] 일본

◆ 일정(日程): 그 날에 할 일. 또는, 그 분량이나 순서.
◆ 휴일(休日): 일을 쉬는 날.
◆ 본성(本性): 사람이 본디부터 가진 성질.
◆ 근본(根本): 사물의 본질이나 본바탕.

헷갈리기 쉬운 한자

本(밑 본) ≒ 木(나무 목)

丨 冂 日 日   一 十 才 木 本

日 日 日   本 本 本

아름다울 **미**	나라 **국**
美	國
羊부 3획	口부 8획

 미국(美國)에는 인종 전시장이라고 해도 좋으리만큼 다양한 피부색의 사람들이 살고 있다.

the United States of America
[디 유나이티드 스테이츠 어브 어메리커] 미국

- 미용(美容): 용모를 아름답게 매만지는 일.
- 구미(歐美): 유럽 주와 아메리카 주. 또는, 유럽과 미국.
- 국산(國産): 자기 나라에서 생산함.
- 강대국(强大國): 강대한 나라.

헷갈리기 쉬운 한자

美(아름다울 미) ≒ 姜(성 강)

` ゛ 艹 艹 艹 美 美 美 | 冂 冂 冂 冂 或 國 國 國

美 美 美   國 國 國

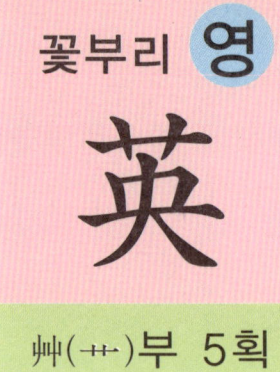
꽃부리 **영**
英
艹(㇐)부 5획

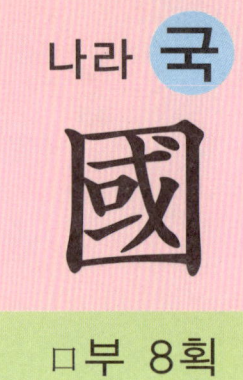
나라 **국**
國
口부 8획

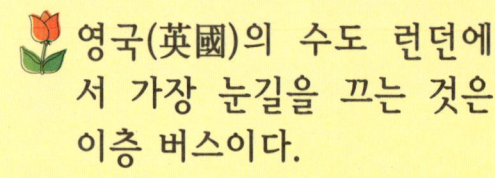
🌷 영국(英國)의 수도 런던에서 가장 눈길을 끄는 것은 이층 버스이다.

United Kingdom[유나이티드 킹덤] 영국

- 영어(英語): 영국·미국·캐나다를 비롯한 세계 여러 나라에서 쓰이는 언어.
- 영웅(英雄): 지혜와 재능이 뛰어나며 날래고 용감한 사람.
- 국제(國際): 나라 사이에 관계되는 것.
- 약소국(弱小國): 국토·자원·군비 등이 미약한 작은 나라.

헷갈리기 쉬운 한자

英(꽃부리 영) ≒ 若(같을 약)

一 十 艹 艹 艹 苎 英 英	丨 冂 冂 冋 冋 國 國 國 國
英 英 英	國 國 國

가운데 중

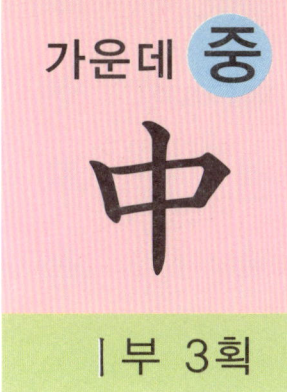

|부 3획

나라 국

口부 8획

🌷 세계에서 인구가 가장 많은 나라인 중국(中國)은 그만큼 발전 잠재력도 크다고 할 수 있다.

China[촤이너] 중국

- 중심(中心): 사물의 한가운데.
- 적중(的中): (쏘거나 던지거나 한 물체가 목표물에) 정확하게 맞는 것.
- 국토(國土): 나라의 영토.
- 보국(保國): 국가를 보위하는 것.

음이 같고 뜻이 다른 한자

中(가운데 중) ≒ 重(무거울 중)

ㅣ ㅁ 므 中			ㅣ 冂 冂 冋 冋 冋 國 國 國 國		
中	中	中	國	國	國

홀로 **독**	빼어날 **일**
獨	逸
犬(犭)부 13획	辶부 8획

 독일(獨逸)의 통일을 보니, 우리도 하루빨리 통일을 이루어야 하겠다는 마음이 더욱더 간절해진다

Germany[저어머니] 독일

- 독창(獨唱): 사람들 앞에서 혼자서 노래를 부르는 것.
- 고독(孤獨): 혼자서 외로운 것.
- 일화(逸話): 어떤 사람이나 일에 관계된, 알려지지 않은 흥미 있는 이야기.
- 일품(逸品): 아주 뛰어난 물건.

알아 두세요

獨逸은 도이칠란트(Deutschland)란 음(音)을 한자로 비슷하게 딴 이름으로, 한자의 뜻과는 관계 없습니다.

丿犭犭犭犭獨獨獨獨	丿夕夕夕夕兔兔兔逸逸
獨 獨 獨	逸 逸 逸

연습문제

❶ 한자가 틀린 것을 모두 찾아 ○하세요.
- 영국(永國)
- 일본(一本)
- 중국(重國)
- 국가(國字)
- 미국(美國)
- 한국(朝國)

❷ 각각의 설명에 알맞은 나라 이름을 보기에서 찾아 쓰세요.

─── 보 기 ───
英國   中國   日本   韓國   美國

★ 국기는 태극기, 국화는 무궁화 (   )
★ 여왕이 다스리는, 유럽에 위치한 섬나라 (   )
★ 벚꽃이 국화인, 우리 나라 남쪽에 위치한 섬나라 (   )
★ 세계에서 인구가 가장 많은 나라 (   )
★ 백악관, 자유의 여신상, 카우보이의 나라 (   )

❸ 다음 한자의 훈과 음을 (   ) 안에 써 보세요.

國(   )   本(   )   美(   )
韓(   )   英(   )   獨(   )

❹ 각 그림에 어울리는 나라 이름을 보기에서 찾아 (   ) 안에 쓰세요.

카우보이   런던의 2층 버스

(   )   (   )   (   )

─── 보 기 ───
英國   日本   美國   中國   獨逸

79

한자어로 된 기(旗)의 이름

- 태극기(太極旗) : 우리 나라의 국기. 흰 바탕에 태극 무늬가 있다.
- 성조기(星條旗) : 미국의 국기. 미국 독립 당시의 13주를 나타내는 가로 줄(條)과 미국의 각 주(州)를 나타내는 별(星)이 그려져 있다.
- 삼색기(三色旗) : 프랑스의 국기. 각각 자유·평등·박애를 상징하는 세 가지 색(靑·白·赤)으로 되어 있다.
- 오륜기(五輪旗) : 올림픽 기. 흰 바탕에 전세계 5대륙을 상징하는 5개의 고리(輪)가 그려져 있다.
- 일장기(日章旗) : 일본의 국기. 흰 바탕에 해(日)가 그려져 있다.

생각하는 만화 — 節約

節(마디 절) / 約(묶을 약)

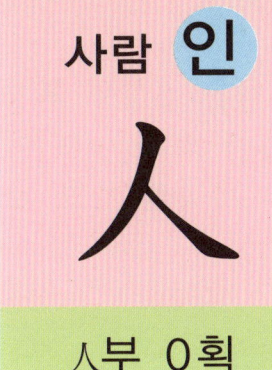
사람 인
人
人부 0획

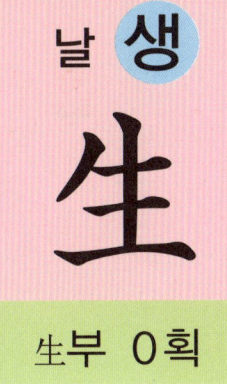
날 생
生
生부 0획

🌷 인생(人生)은 짧고 예술은 길다.

life[라이프] 인생

◆ 인정(人情): 어진 마음씨.
◆ 수인(囚人): 감옥에 갇힌 사람. 죄수.
◆ 생산(生産): 인간이 자연에 작용을 가하여 어떤 쓸모 있는 물건을 만들어 내는 활동.
◆ 중생(衆生): 많은 사람.

헷갈리기 쉬운 한자

人(사람 인) ≒ 入(들 입) ≒ 八(여덟 팔)

ノ 人			ノ 一 ㄐ 牛 生		
人	人	人	生	生	生

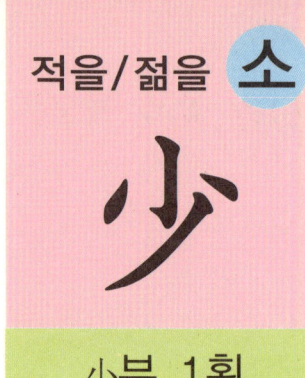
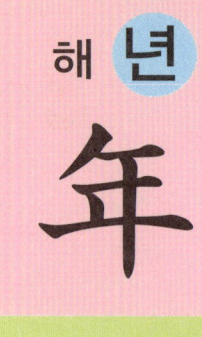

적을/젊을 **소**
小부 1획

해 **년**
干부 3획

🌷 병든 부모님을 정성껏 보살피는 기특한 소년(少年)에 대한 신문 기사를 보고 감동을 받았다.

boy[보이] 소년

- 소녀(少女): 어린이의 단계는 지났으나 아직 어른이 되지 못한 여자.
- 노소(老少): 늙은이와 젊은이를 동시에 아울러 이르는 말.
- 연로(年老): 나이가 많아서 늙음.
- 유년(幼年): 어린 나이나 때. 또는, 그런 사람.

뜻이 상대되는 한자어

少年(소년) ↔ 少女(소녀)

丿 小 小 少

少 少 少

丿 ᅩ ᅩ 二 仁 年

年 年 年

들 **입**
入
入부 0획

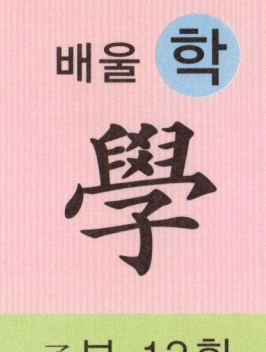
배울 **학**
學
子부 13획

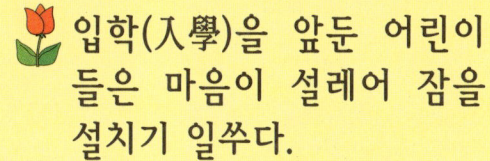
🌷 입학(入學)을 앞둔 어린이들은 마음이 설레어 잠을 설치기 일쑤다.

entrance into a school
[엔트런스 인터 어 스쿠울] 입학

- 입장(入場): 경기장·식장·회의장 등에 들어가는 것.
- 출입(出入): (사람이 어느 곳을) 드나드는 일.
- 학창(學窓): 학생으로서 공부를 하는 교실이나 학교를 이르는 말.
- 퇴학(退學): 다니던 학교를 그만두는 것.

뜻이 상대되는 한자

入(들 입) ↔ 出(날 출)

ノ入	` ⺍ ⺍ F F F 段 函 與 學 學
入	學
入	學
入	學

마칠 졸	일 업
卒	業
十부 6획	木부 9획

 어려운 형편에 일하면서 공부하여 졸업(卒業)을 하게 되자 가슴이 벅차 오름을 느꼈다.

graduation[그래주에이션] 졸업

- 졸도(卒倒): 충격·과로·일사병 등으로 갑자기 정신을 잃고 쓰러지는 일.
- 병졸(兵卒): 옛날에 '군인'을 이르던 말.
- 업무(業務): 직장에서 의무나 직분에 따라 맡아서 하는 일.
- 취업(就業): 어떤 직업을 택하여 생계를 잇는 일.

여러 가지 뜻을 가진 한자

卒(마칠 졸)은 군사라는 뜻도 있어요 = 兵(군사 병)

` 亠 产 方 卒 卒 卒 卒	" 业 业 业 业 业 業 業 業
卒 卒 卒	業 業 業

84

맺을 결	혼인할 혼	🌷 결혼(結婚)은 인생에서 대단히 중요한 일이므로 신중하게 생각해야 한다.
結	婚	
糸부 6획	女부 8획	marriage[매리쥐] 결혼

- 결론(結論): 말이나 글을 최종적으로 마무리짓는 일.
- 완결(完結): 완전하게 결말을 짓는 일.
- 혼인(婚姻): (남자와 여자가) 예를 갖추어 부부가 되는 것.
- 미혼(未婚): 아직 결혼을 하지 않음.

뜻이 상대되는 한자어

결혼(結婚) ↔ 이혼(離婚)

結: ` ⺌ ⺍ 幺 糸 糸 糸' 紆 結 結
婚: ㇀ 女 女 女' 妒 妒 娇 婚 婚

結	結	結	婚	婚	婚

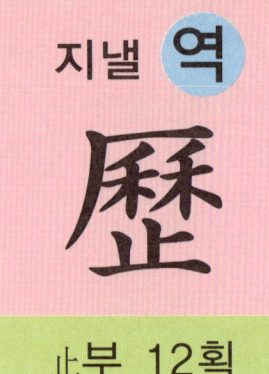
지낼 역
止부 12획

역사 사
口부 2획

🌷 역사(歷史)는 결코 감춰질 수도 없고, 만들어 낼 수는 더더욱 없다.

history[히스터리] 역사

- ◆역임(歷任): 여러 직위를 두루 거쳐 지내는 것.
- ◆경력(經歷): 현재까지 직업상의 어떤 일을 해 오거나 어떤 직위나 직책을 맡아 온 경험.
- ◆사극(史劇): '역사극'의 준말.
- ◆유사(有史): 역사가 시작됨.

헷갈리기 쉬운 한자

史(역사 사) ≒ 吏(벼슬아치 리)

厂厂厂厂厂厯厯歷歷歷			丨口口史史		
歷	歷	歷	史	史	史

연습문제

1 다음 낱말 중에서 한자가 틀린 것을 모두 찾아 ○하세요.

- 입학(八學)
- 인생(入生)
- 역사(歷事)
- 소년(小年)
- 졸업(卒業)
- 결혼(結婚)

2 짝지어진 한자어의 □ 에 똑같이 들어갈 한자를 보기에서 찾아 써 넣으세요.

─ 보 기 ─
卒 生 婚 入 少 史

歷 □   □ 劇   産 □   人 □

□ 年   □ 女   出 □   □ 學

□ 業   □ 兵   未 □   結 □

3 각 뜻풀이에 어울리는 한자어를 보기에서 찾아 ( ) 안에 쓰세요.

★ 12,3세에서 17,8세의 남자를 가리키는 말 (　　)

★ 학교에 들어가 학생이 되는 것 (　　)

★ 인류 사회의 변천과 흥망의 과정. 또는, 그것을 기록한 것 (　　)

★ 남자와 여자가 부부로서의 법률적 관계를 맺는 것. 혼인이라고도 함 (　　)

★ 학생이 정해진 교과 과정을 모두 마치는 것. 또는, 어떤 일에 통달하여 익숙해지는 것 (　　)

─ 보 기 ─
入學　卒業　結婚　歷史　少年

나이와 관계된 한자어

孩提(해제)	2·3세	志學(지학)	15세	弱冠(약관)	20세
而立(이립)	30세	不惑(불혹)	40세	知命(지명)	50세
耳順(이순)	60세	還甲(환갑)	61세	進甲(진갑)	62세
古稀(고희)	70세	喜壽(희수)	77세	米壽(미수)	88세
白壽(백수)	99세	期頤之壽(기이지수)	100세		

▲ 위의 나이는 만 나이가 아니고 우리 나라에서 일반적으로 쓰이고 있는 나이입니다.

생각하는 만화

偉人

偉(클 위) / 人(사람 인)

돌이킬 **반**	대답할 **대**
反	對
又부 2획	寸부 11획

🌷 누나는 아버지의 반대(反對)에 부딪쳐 영국 유학을 포기할 수밖에 없었다.

reverse[리버어스] 반대

- 반영(反映): 빛이 반사하여 비치는 것.
- 모반(謀反): 왕실이나 정부를 뒤엎고 정권을 잡으려고 꾀하는 것.
- 대결(對決): (두 사람이나 양편이) 맞서 싸워서 우열이나 승패 등을 가리는 것.
- 적대(敵對): 적으로 대하는 것.

음이 같고 뜻이 다른 한자

反(돌이킬 반) ≒ 半(반 반)

一 厂 厂 反

" 丷 业 业 业 业 业 业― 對 對

反	反	反	對	對	對

예 **고**	이제 **금**
古	**今**
口부 2획	人부 2획

🌷 효도가 사람이 지켜야 할 가장 아름다운 덕목이라는 것은 고금(古今)을 막론하고 변함 없는 진리이다.

all ages[오올 에이쥐스] 고금

- 고대(古代): 먼 옛날.
- 만고(萬古): 오랜 옛적.
- 금년(今年): 현재 맞고 있는 이 해.
- 작금(昨今): 어제와 오늘. 곧, 요즈음.

재미 있나요 아부지!

음이 같고 뜻이 다른 한자

古(예 고) ≒ 高(높을 고)

一 十 十 古 古	ノ 人 今 今
古 古 古	今 今 今

가벼울 경	무거울 중
輕	重
車부 7획	里부 2획

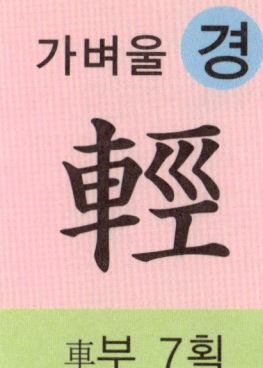

🌷 폭력 행위에 대해서는 사건의 경중(輕重)이나 신분에 관계 없이 엄하게 다스려야 한다.

relative importance
[릴레이티브 임포오턴스] 경중

- 경솔(輕率): (말이나 행동이) 조심성이 없이 가벼움.
- 경박(輕薄): 언행이 가볍고 얕음.
- 중점(重點): 중시해야 할 점.
- 소중(所重): 중요한 의미나 가치를 가짐.

헷갈리기 쉬운 한자

重(무거울 중) ≒ 童(아이 동)

一亅亘車車輕輕輕輕輕	一ㄣ宀㐅㐁㐂重重
輕 輕 輕	重 重 重

착할 선	악할 악
善	惡
口부 9획	心부 8획

🌷 에덴 동산에서 아담과 이브는 선악(善惡)을 알게 하는 과일을 먹은 죄 때문에 쫓겨났다.

good and evil[굿 언드 이이벌] 선악

- 선행(善行): 착하고 어진 행실.
- 최선(最善): 가장 좋거나 훌륭한 것.
- 악몽(惡夢): 무섭거나 기괴하거나 불길한 꿈.
- 최악(最惡): 일의 상황·상태 등이 가장 나쁜 것.

또 다른 뜻과 음을 가진 한자

惡(악할 악)은 **미워할 오**라고도 합니다 → 憎惡(증오)

` ` ` 艹 艹 羊 羊 美 善 善	一 ㄒ 丐 丙 丙 丙 亞 亞 惡 惡
善 善 善	惡 惡 惡

얻을 득 得 / 잃을 실 失

得 — 彳부 8획
失 — 大부 2획

🌷 우리는 개인의 이해와 득실(得失)보다는 국가의 이익을 먼저 생각해야 한다.

gains and losses [게인즈 언드 로오시즈] 득실

- 득점(得點): 점수를 얻는 것.
- 소득(所得): 어떤 일의 결과로 얻은 정신적·물질적 이익.
- 실망(失望): 바라는 대로 되지 않아 마음이 좋지 않은 상태가 되는 것.
- 실족(失足): 발을 헛디딤.

헷갈리기 쉬운 한자

失(잃을 실) ≒ 朱(붉을 주)

得: ㇓ 彳 彳 彳 彳 彳 彳 得 得 得
失: ㇓ 一 ⺡ 失 失

得	得	得	失	失	失

귀할 **귀**
貴
貝부 5획

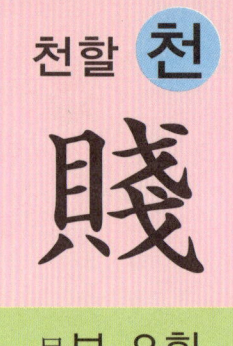
천할 **천**
賤
貝부 8획

🌷 행복한 삶이란, 직업의 귀천(貴賤)과 신분의 높고 낮음에 있지 않다.

high and low[하이 언드 로우] 귀천

- 귀중(貴重): 가치나 의의가 커 귀하고 중요함.
- 부귀(富貴): 재산이 많고 지위가 높은 것.
- 천민(賤民): 지체가 낮고 천한 백성.
- 비천(卑賤): 신분이 낮고 천함.

헷갈리기 쉬운 한자

貴(귀할 귀) ≒ 責(꾸짖을 책)

| ｀ | 中 | 虫 | 尹 | 串 | 青 | 青 | 눔 | 貴 | 貴 | Ⅰ | Ⅱ | 日 | 月 | 貝 | 貝 | 貯 | 賎 | 賎 | 賤 |

貴	貴	貴	賤	賤	賤

연습문제

❶ 알맞게 줄로 이어 낱말을 만들고, (　)에 완성된 낱말을 쓰세요.

善・　　　　　　　　・重　（　　　　）
古・　　　　　　　　・失　（　　　　）
反・　　　　　　　　・惡　（　　　　）
得・　　　　　　　　・賤　（　　　　）
貴・　　　　　　　　・對　（　　　　）
輕・　　　　　　　　・今　（　　　　）

❷ 짝지어진 한자어의 □에 똑같이 들어갈 한자를 보기에서 찾아 써 넣으세요.

―― 보 기 ――
貴　得　重　善　古　惡

萬 □　　　□ 今　　　□ 賤　　　□ 族

□ 行　　　最 □　　　輕 □　　　□ 所

□ 人　　　□ 夢　　　□ 點　　　□ 失

❸ 각 뜻풀이에 어울리는 한자어를 보기에서 찾아 (　) 안에 쓰세요.

★ 올바름과 올바르지 못함 （　　　　）
★ 옛날과 지금 （　　　　）
★ 가벼움과 무거움 （　　　　）
★ 얻음과 잃음 （　　　　）
★ 귀함과 천함 （　　　　）
★ 남의 의견에 따르지 않고 맞서서 거스르는 것 （　　　　）

―― 보 기 ――
古今　反對　輕重
善惡　得失　貴賤

友 (벗 우) — 又부 2획
情 (뜻 정) — 心(忄)부 8획

🌷 단 한 사람이라도 참다운 우정(友情)을 나누는 친구가 있다면, 그 사람은 행복한 사람이다.

friendship[프렌드쉽] 우정

- ◆우애(友愛): 형제간의 사랑.
- ◆급우(級友): 같은 반 친구.
- ◆정서(情緒): 주위 사물을 접할 때 기쁨·슬픔 등을 느끼게 되는 마음의 작용.
- ◆감정(感情): 주위의 어떤 대상이나 일이나 현상에 대해 느끼게 되는 기쁨·즐거움·슬픔 등의 기분의 상태.

헷갈리기 쉬운 한자
情(뜻 정) ≒ 淸(맑을 청)

우리 친구 아닌가!

一ナ方友

丶丶丨忄忄忄情情情情

友	友	友	情	情	情

친할 친	옛 구
親	舊
見부 9획	臼부 12획

🌷 방과후에 친구(親舊)들과 어울려서 노는 시간을 줄이고 복습과 예습에 힘쓰도록 해라.

friend[프렌드] 친구

- 친절(親切): 사람을 대하는 태도가 정답고 따뜻하여 고마움을 느끼게 하는 상태에 있는 것.
- 모친(母親): '어머니'를 정중하게 이르는 말.
- 구습(舊習): 예로부터 전해 오는 관습.
- 구태(舊態): 옛 모습.

뜻이 상대되는 한자

舊(옛 구) ↔ 新(새 신)

| 亠 | 立 | 辛 | 亲 | 亲 | 新 | 親 | 親 | 親 | 艹 | 艹 | 芢 | 芢 | 雈 | 雈 | 雈 | 舊 | 舊 | 舊 |

親	親	親	舊	舊	舊

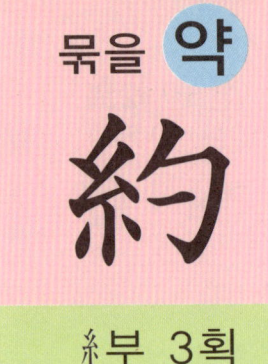
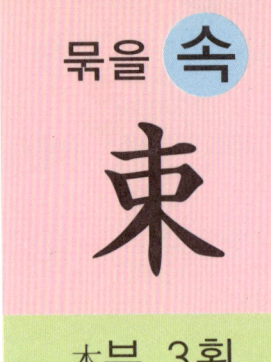

糸부 3획 　　木부 3획

🌷 자기에게 손해가 온다고 해서 약속(約束)을 함부로 깨면 안 된다.

promise[프라미스] 약속

- 약혼(約婚): 장차 결혼하기로 약속하는 것.
- 서약(誓約): 맹세하고 약속하는 것.
- 속박(束縛): 강압적으로 얽어매거나 제한을 가하여 자유롭지 못하게 하는 것.
- 단속(團束): 주의를 기울여 다잡거나 보살피는 것.

헷갈리기 쉬운 한자

束(묶을 속) ≒ 東(동녘 동)

´ 纟 纟 幺 糸 糸 糽 約 約	一 丆 亓 亓 申 束 束
約 約 約	束 束 束

참 진
眞
目부 5획

마음 심
心
心부 0획

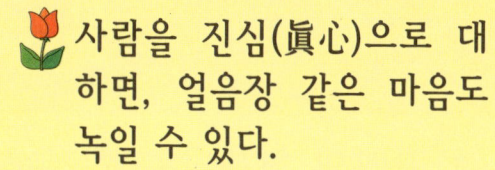
사람을 진심(眞心)으로 대하면, 얼음장 같은 마음도 녹일 수 있다.

sincerity[신쎄러티] 진심

- 진정(眞情): 참되고 진실한 정이나 마음.
- 순진(純眞): 마음이 꾸밈이 없이 순박하고 참됨.
- 심신(心身): 마음과 몸.
- 효심(孝心): 효도하는 마음.

뜻이 상대되는 한자

眞(참 진) ↔ 僞(거짓 위)

一 𠂉 𠂊 𠂋 𠂌 𠂍 直 眞 眞			㇒ ㇄ 心 心		
眞	眞	眞	心	心	心

연습문제

❶ 각각의 한자어에 맞는 우리말을 찾아 줄로 이으세요.

- 約束
- 友情
- 親舊
- 眞心

- 우정
- 친구
- 진심
- 약속

❷ 짝지어진 한자어의 □에 똑같이 들어갈 한자를 보기에서 찾아 써 넣으세요.

보 기
親　友　眞　約

言□　　□束　　□切　　□舊

□情　　□心　　□愛　　□級

❸ 각 뜻풀이에 어울리는 한자어를 보기에서 찾아 (　　) 안에 쓰세요.

★ 장래의 일에 대하여 서로 결정하여 두는 것 (　　　)
★ 거짓으로 꾸미지 않은 본래의 속마음 (　　　)
★ 오랫동안 가까이 사귀어 온 사람 (　　　)
★ 벗 사이의 두터운 정 (　　　)

보 기
約束　眞心
友情　親舊

❹ 각 한자의 훈과 음을 (　) 안에 쓰세요.

束(　　　)　　友(　　　)
眞(　　　)　　約(　　　)
情(　　　)　　舊(　　　)

지음(知音)이란 한자어의 깊은 뜻

알 지(知), 소리 음(音). 즉, 소리를 알다, 음악의 곡조를 잘 이해한다는 뜻으로, 마음이 서로 통하는 친한 친구를 일컬어 지음(知音)이라고 합니다.

옛날에 거문고를 매우 잘 타는 '백아'라는 사람이 있었습니다. 그의 친구 '종자기'는 유독 백아의 거문고 소리를 잘 알아듣고 이해하였습니다(知音). 백아가 높은 산을 거문고로 연주하면 종자기는 "높고 높은 것이 태산 같구나!" 하였습니다. 이렇듯 서로 마음이 통했던 종자기가 죽자, 백아는 거문고 줄을 끊고 다시는 거문고를 타지 않았다고 합니다.
여기서 진정한 친구를 일컬어 지음(知音)이라고 하게 되었답니다.

抑(누를 억) / 制(마를 제)

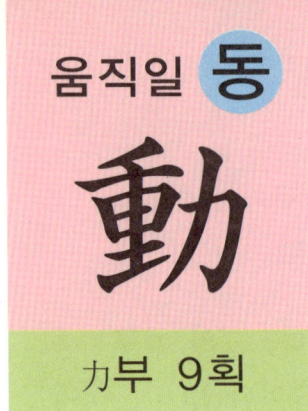
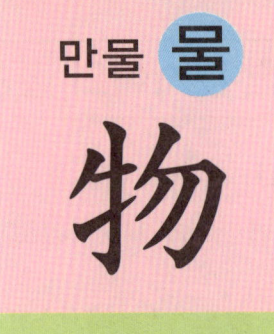

움직일 **동**
動
力부 9획

만물 **물**
物
牛부 4획

🌷 어린이날, 아이들은 모처럼 동물(動物)들의 재롱을 보며 즐거운 시간을 가졌다.

animal[애너멀] 동물

- ◆동작(動作): 사람이나 동물이 어떤 일을 하려고 몸이나 손발을 움직이는 일.
- ◆변동(變動): (일의 상태가) 바뀌어 달라지는 것.
- ◆물질(物質): 물체의 본바탕.
- ◆보물(寶物): 보배로운 물건.

뜻이 상대되는 한자

動(움직일 동) ↔ 止(멎을 지)

一 二 产 育 育 育 重 重 動 動	ノ ト 스 牛 牛 物 物 物
動 動 動	物 物 物

집 **가**	가축 **축**
家	畜
宀부 7획	田부 5획

🌷 우리 집에서도 부업으로 가축(家畜)을 몇 마리 기르기로 했다.

domestic animal[더메스틱 애너멀] 가축

- 가장(家長): 집안의 어른.
- 초가(草家): 볏짚·밀짚·갈대 따위로 지붕을 인 집. 초가집.
- 축사(畜舍): 가축을 기르는 건물.
- 축산업(畜産業): 가축을 기르고 그 생산물을 가공하는 산업.

재미있는 한자

家(집 가)는 宀(갓머리)와 豕(돼지 시)가 합쳐진 글자로, 뱀을 막고자 집 안에서 돼지를 기른 데서 생겨난 한자입니다.

ˊ ˋ 宀 宁 宇 宇 家 家 家	ˊ 亠 𠃍 玄 玄 㐬 畜 畜 畜
家 家 家	畜 畜 畜

형 곤 / 벌레 충

昆 日부 4획

蟲 虫부 12획

🌷 예전에는 여름 방학 때마다 꼭 곤충(昆蟲)을 채집해 오라는 숙제가 있었다.

insect[인섹트] 곤충

- 충해(蟲害): 해충으로 인한 농작물의 피해.
- 해충(害蟲): 인간의 생활에 직접·간접으로 해를 끼치는 곤충.
- 유충(幼蟲): 알에서 나온 후 아직 다 자라지 않은 벌레.
- 구충(驅蟲): 기생충·해충 따위를 없애 버리는 일.

같은 글자가 모여서 된 한자

蟲(벌레 충) / 森(나무 빽빽할 삼)
品(상품 품) / 姦(간사할 간)

昆	昆	昆	蟲	蟲	蟲

날 **생**	목숨 **명**
生	命
生부 0획	口부 5획

🌷 생명(生命)을 소중히 여기는 마음을 가져야, 자연 보호에 더욱 힘을 기울일 수 있다.

life[라이프] 생명

- 생태(生態): 살아가는 모양.
- 야생(野生): 산이나 들에서 저절로 나거나 자라는 것.
- 구명(救命): 위험한 상태에 있는 사람의 목숨을 구하는 것.

재미있는 한자

命(목숨 명)은 임금이 말(口)로써 내리는 명령(令)이라는 뜻으로, 임금은 백성을 죽이고 살릴 수 있는 권한을 가진 존재이므로 **목숨**이라는 뜻으로 쓰이게 되었답니다.

ノ 一 ヒ 牛 生			ノ 人 亼 亼 伞 伞 侖 命		
生	生	生	命	命	命

풀 초	근원 원	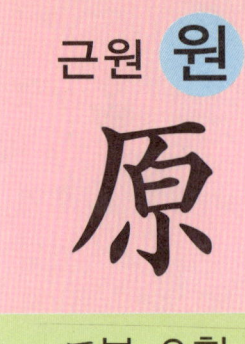 넓따란 초원(草原)이 펼쳐져 있는 브라질로 여행을 떠나고 싶다.
草	原	
艹(卄)부 6획	厂부 8획	grassy plain[그래시 플레인] 초원

- 초막(草幕): 짚이나 풀 따위로 지붕을 인, 조그마한 막집.
- 수초(水草): 물 속이나 물가에 자라는 풀. 물풀.
- 원자(原子): 물질을 구성하는 기본적인 입자.
- 원작(原作): 본디의 작품.

헷갈리기 쉬운 한자

草(풀 초) ≒ 무(일찍 조)

一 十 十 艹 苎 芒 苩 草 草	一 厂 厂 厂 厉 厉 原 原 原
草　草　草	原　原　原

연습문제

❶ 각각의 한자어에 맞는 우리말을 찾아 줄로 이으세요.

家畜 · · 생명
草原 · · 야생
昆蟲 · · 동물
生命 · · 곤충
野生 · · 초원
動物 · · 가축

❷ 각 뜻풀이에 어울리는 한자어를 보기에서 찾아 (　　) 안에 쓰세요.

──── 보 기 ────
昆蟲　草原　家畜
　生命　野生

★ 풀이 나 있는 넓은 들 (　　　　)
★ 곤충류에 속하는 동물의 총칭 (　　　　)
★ 산이나 들에서 저절로 자라는 것 (　　　　)
★ 사람에게 길들여져 집에서 기르는 짐승 (　　　　)
★ 사람이 살아서 숨쉬고 활동할 수 있게 하는 힘 (　　　　)

❸ 각각의 그림에 알맞은 한자를 보기에서 찾아 (　　) 안에 쓰세요.

(　　)　　(　　)　　(　　)

──── 보 기 ────
草原　昆蟲　動物　鳥類　植物

107

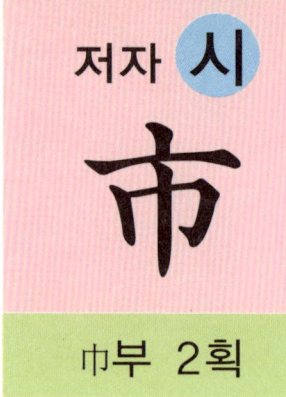
저자 **시**
市
巾부 2획

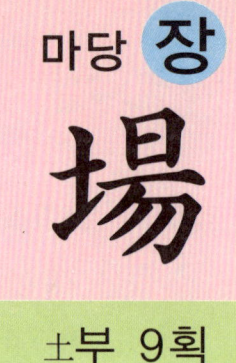
마당 **장**
場
土부 9획

🌷 소년은 어머니의 약값을 벌기 위해 나무를 베어 시장(市場)에 내다 팔곤 했다.

market[마아킷] 시장

- 시내(市內): 도시의 안.
- 도시(都市): 학교·병원·오락 시설 등의 문화 시설이 집중되어 있는 지역.
- 장면(場面): 어떤 장소에서, 겉으로 드러난 면이나 벌어진 광경.
- 공장(工場): 기계를 이용하여 물품을 대량으로 생산하거나 수리·정비하는 곳.

헷갈리기 쉬운 한자

市(저자 시) ≒ 布(베 포)

丶 亠 宀 市 市			一 十 土 圡 坍 坍 坦 場 場 場		
市	市	市	場	場	場

장사 **상**	가게 **점**
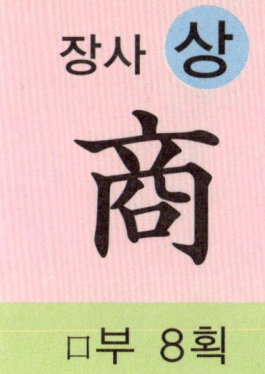	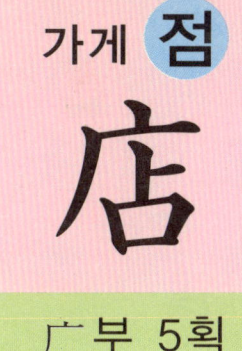
口부 8획	广부 5획

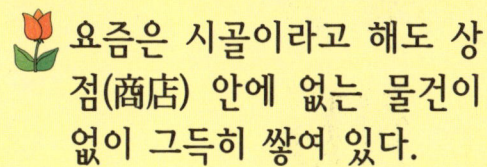
🌷 요즘은 시골이라고 해도 상점(商店) 안에 없는 물건이 없이 그득히 쌓여 있다.

store[스토오] 상점

- 상가(商街): 여러 종류의 상점이 많이 늘어서 있는 거리.
- 도매상(都賣商): 도매를 하는 장사.
- 점포(店鋪): 가게를 벌이고 장사를 하는 집.
- 주점(酒店): 술을 파는 집.

재미있는 한자

店(가게 점)은 집(广)을 점(占)을 쳐서 정한다는 뜻입니다.

` 一 十 产 产 产 产 商 商 商`	` 一 广 广 庐 庐 店 店`
商　商　商	店　店　店

팔 판 販
貝부 4획

팔 매 賣
貝부 8획

🌷 기업들은 상품 판매(販賣)에만 신경을 쓸 것이 아니라, 애프터 서비스에도 정성을 쏟아야 한다.

sale[쎄일] 판매

- 판금(販禁): (어떤 상품을) 판매하지 못하도록 하는 것.
- 가판(街販): 거리에서 벌여 놓고 판매하는 일.
- 매매(賣買): (물건을) 팔고 사는 것.
- 소매(小賣): (물건을) 생산자나 도매상에서 사들여 직접 소비자에게 파는 일.

뜻이 상대되는 한자

賣(팔 매) ↔ 買(살 매)

| 丨 | 冂 | 目 | 目 | 貝 | 貝 | 貝 | 貯 | 販 | 販 | 一 | 十 | 土 | 士 | 声 | 声 | 売 | 壳 | 賣 | 賣 |

販	販	販	賣	賣	賣

헤아릴 요	쇠 금
料	金
斗부 6획	金부 0획

🌷 버스 요금(料金)이 크게 오르면, 서민들에게는 생활에 어려움이 생긴다.

charge[차아쥐] 요금

- ◆ 요리(料理): 음식을 일정한 방법으로 맛있게 만드는 것.
- ◆ 고료(稿料): 원고를 쓴 데 대한 보수.
- ◆ 금액(金額): 돈의 액수.
- ◆ 수금(收金): 받을 돈을 거두어들이는 것.

같은 뜻을 가진 한자

金(쇠 금) = 鐵(쇠 철)

` ` ⸀ ⸏ 半 米 米 米 料 料	ノ 八 스 수 全 全 余 金
料　料　料	金　金　金

이로울 이	더할 익
利	益
刀(刂)부 5획	皿부 5획

재래 시장의 상인들은 이익(利益)을 조금만 남기고도 좋은 물건을 팔기 때문에 많은 사람들이 이용한다.

profit[프라핏] 이익

- 이용(利用): 필요에 따라 이롭게 쓰는 것.
- 이자(利子): 남에게 돈을 빌려 쓴 대가로 치르는 돈.
- 수익(收益): 이익을 거두어들이는 것.
- 차익(差益): 매매의 결과나 가격의 변동에 의해서 생긴 이익.

뜻이 상대되는 한자

利(이로울 이) ↔ 害(해칠 해)

一 二 千 禾 禾 利 利	ノ ハ ハ グ グ 즈 즈 즈 益 益
利 利 利	益 益 益

덜 손
損
手(扌)부 10획

해칠 해
害
宀부 7획

🌷 작은 손해(損害)를 입더라도 신용을 지키는 장인 정신이 필요하다.

damage[대미쥐] 손해

◆손실(損失): 덜려 잃거나 손해를 보는 것. 또는, 그 손해.
◆훼손(毀損): 헐어서 못 쓰게 하는 것.
◆해악(害惡): 해가 되는 나쁜 일.
◆방해(妨害): 해를 주는 행동이나 작용을 하여, 제대로 하거나 이루지 못하게 하는 것.

뜻이 상대되는 한자

損(덜 손) ↔ 添(더할 첨)

一 十 扌 扩 护 捐 捐 捐 損 損	⸍ ⸍ 宀 宀 宀 宀 宇 宝 害 害
損 損 損	害 害 害

113

연습문제

❶ 각각의 한자어에 맞는 우리말을 찾아 줄로 이으세요.

料金 ·   · 요금
商店 ·   · 판매
販賣 ·   · 시장
市場 ·   · 이익
利益 ·   · 손해
損害 ·   · 상점

❷ 아래 문장의 (   ) 안에 알맞은 한자어를 보기에서 찾아 쓰세요.

───── 보 기 ─────
販賣   利益   損害   市場   商店

어제 오후에 엄마와 함께 재래 시장(   )에 갔습니다.
 시장에는 여러 가지 물건을 판매(   )하는 상점(   )들이 길게 늘어서 있었습니다.
 각 상점에서는 물건을 팔아 이익(   )을 보지만, 때에 따라서는 손해(   )를 보기도 한답니다.

❸ 다음 한자의 훈과 음을 (   ) 안에 쓰세요.

料(   )   商(   )
販(   )   店(   )
損(   )   益(   )

❹ 다음 낱말 중에서 한자가 틀린 것을 모두 찾아 ○하세요.

· 시장(時場)   · 상점(商占)   · 판매(板買)
· 요금(料金)   · 이익(李益)   · 손해(損害)

114

우리 나라의 옛 이름

- 고조선(古朝鮮) : 우리 나라 최초의 부족 국가. 단군 왕검이 세운 나라로 한반도 북서 해안에 위치하였다. (기원전 2333 ~ 기원전 108)
- 고구려(高句麗) : 주몽이 세운 나라로 한때 한반도 남부에서 요동 지방까지 지배하였다. (기원전 37 ~ 기원후 668)
- 백제(百濟) : 온조왕이 세운 나라로 한반도 남서부에 위치하였다. (기원전 18 ~ 기원후 660)
- 신라(新羅) : 박혁거세가 세운 나라로 대동강 이남에 한반도 최초의 통일 국가를 이룩하였다. (기원전 57 ~ 기원후 935)
- 고려(高麗) : 왕건이 세운 나라로 후삼국을 통일하였다. (918 ~ 1392)
- 조선(朝鮮) : 이성계가 고려를 멸망시키고 세웠다. (1392 ~ 1910)

再修生

再(거듭 재) / 修(닦을 수) / 生(날 생)

병 병	담 원	
病	院	🌷 몸이 아프면 일단 먼저 병원(病院)에 가서 진찰을 받는 것이 좋다.
疒부 5획	阝부 7획	hospital[하스피틀] 병원

- 병명(病名): 병의 이름.
- 문병(問病): 앓는 사람을 찾아가 위로하는 것.
- 원장(院長): '원' 자가 붙은 기관이나 시설의 책임자.
- 입원(入院): 환자가 치료를 받기 위하여 일정 기간 병원에 들어가는 것.

같은 뜻을 가진 한자

病(병 병) = 疾(병 질)

` 亠 广 广 疒 疒 疒 病 病 病`	`' 了 阝 阝' 阝' 阝 阡 陀 陀 陀 院`
病　病　病	院　院　院

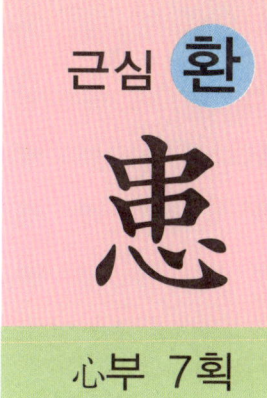
근심 환
患
心부 7획

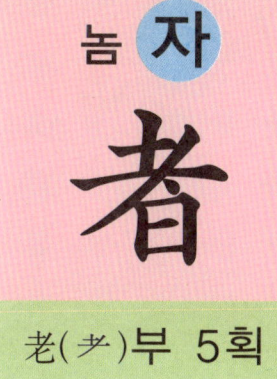
놈 자
者
老(耂)부 5획

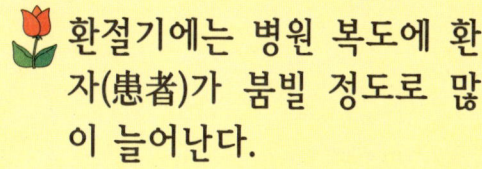
🌷 환절기에는 병원 복도에 환자(患者)가 붐빌 정도로 많이 늘어난다.

patient[페이션트] 환자

- 환후(患候): 어른의 병을 높여서 이르는 말.
- 질환(疾患): 몸의 온갖 병.
- 신자(信者): 종교를 믿는 사람.
- 화자(話者): 말을 하는 사람.

뜻이 비슷한 한자어

患者(환자) ≡ 病者(병자)

｜ 厂 冂 吕 昌 串 串 患 患 患   一 十 土 耂 耂 耂 者 者 者

患　患　患　　者　者　者

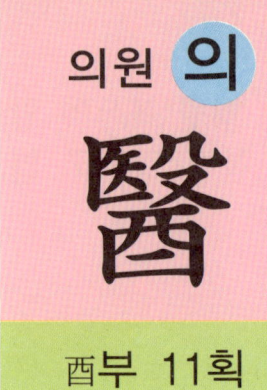
의원 의
醫
酉부 11획

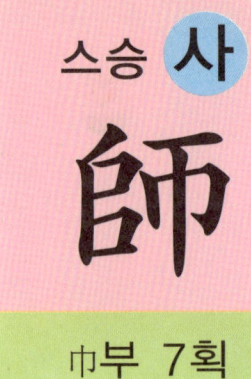
스승 사
師
巾부 7획

🌷 좋은 의사(醫師)는 뛰어난 의료 기술보다도 환자의 마음을 편안하게 해 주는 사람이다.

doctor[닥터] 의사

- 의원(醫院): 진료 시설을 갖추고 의사가 의료 행위를 하는 곳.
- 명의(名醫): 병을 썩 잘 고쳐 이름이 난 의사.
- 사도(師道): 스승으로서 마땅히 밟아야 할 길.
- 은사(恩師): 가르침의 은혜를 끼친 스승.

헷갈리기 쉬운 한자

師(스승 사) ≒ 帥(장수 수)

볼 간	보호할 호
看	護
目부 4획	言부 14획

🌷 나이팅게일은 사랑으로 하는 간호(看護)가 얼마나 큰 힘을 발휘하는지를 보여 주었다.

nursing[너어싱] 간호

- 간병(看病): 병자나 다친 사람의 곁에서 보살피며 바라지를 해 주는 것.
- 간수(看守): '교도관'의 옛 이름.
- 호위(護衛): (어떤 사람을) 따라다니며 보호하고 지키는 것.
- 수호(守護): 지키고 보호하는 것.

뜻이 비슷한 한자어

看護(간호) ≡ 看病(간병)

一 二 三 手 看 看 看 看	言 訂 評 評 評 詳 謹 護 護
看　看　看	護　護　護

119

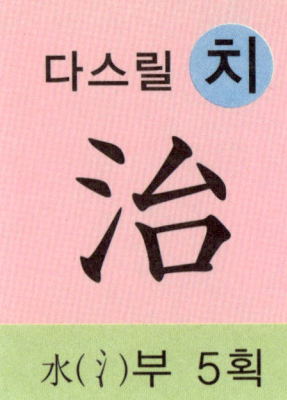
다스릴 **치**
治
水(氵)부 5획

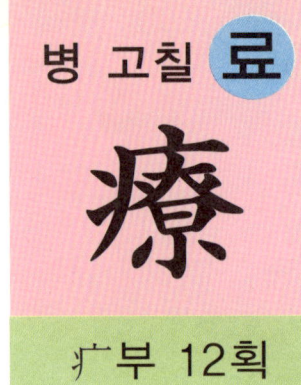
병 고칠 **료**
療
疒부 12획

🌷 병에 걸린 후에 치료(治療)를 잘 받는 것보다 건강에 조심하여 미리 예방하는 것이 훨씬 더 낫다.

treatment[트리이트먼트] 치료

- 치안(治安): 나라를 편안하게 잘 다스리는 것.
- 정치(政治): 국가의 정책과 목적을 실현시키는 일.
- 요양(療養): 휴양하면서 치료하는 것.
- 정양(靜養): 몸과 마음을 안정하여 휴양하는 것.

헷갈리기 쉬운 한자

治(다스릴 치) ≒ 冶(불릴 야)

丶 氵 氵 氵 治 治 治

二 广 广 疒 疒 疒 疼 瘀 痨 療

볼 **진**
診
言부 5획

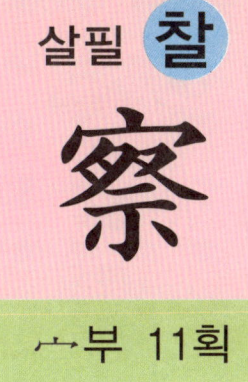
살필 **찰**
察
宀부 11획

🌷 아기들은 의사가 진찰(診察)을 하기 위해 청진기를 꺼내면 무서워한다.

medical examination
[메디컬 이그재머네이션] 진찰

- 진단(診斷): 의사가 환자를 진찰하여 병의 상태를 판단하는 것.
- 오진(誤診): 진단을 잘못하는 것.
- 경찰(警察): 국민의 생명·재산 및 권리를 지키고, 범죄의 수사, 용의자의 체포 등을 실행하는 기관.
- 관찰(觀察): 주의 깊게 살펴보는 것.

뜻이 비슷한 한자어

診察(진찰) ≡ 診療(진료)

一 亠 言 言 言 訁 訟 診 診 診　　宀 宀 宀 宀 宀 宀 宓 宓 宓 察 察

診	診	診	察	察	察

연습문제

❶ 각각의 한자어에 맞는 우리말을 찾아 줄로 이으세요.

診察 ·　　　　　　　　 · 병원
治療 ·　　　　　　　　 · 환자
病院 ·　　　　　　　　 · 간호
問病 ·　　　　　　　　 · 진찰
患者 ·　　　　　　　　 · 치료
看護 ·　　　　　　　　 · 의사
醫師 ·　　　　　　　　 · 문병

❷ 짝지어진 한자어의 □ 에 똑같이 들어갈 한자를 보기에서 찾아 써 넣으세요.

보기
護　醫　治　病

名□　　□師　　政□　　□療

□院　　問□　　守□　　看□

❸ 각 뜻풀이에 어울리는 한자어를 보기에서 찾아 (　　) 안에 쓰세요.

보기
治療　問病　醫師
病院　患者　看護

★ 병을 치료하는 사람 (　　　　)
★ 병을 진찰하고 치료하는 곳 (　　　　)
★ 아픈 사람을 찾아가 위로함 (　　　　)
★ 환자나 부상자를 보살펴 돌보는 것 (　　　　)
★ 다치거나 병이 나서 치료를 받아야 할 사람 (　　　　)
★ 약을 쓰거나 수술하거나 하여 병을 낫게 하는 일 (　　　　)

병(病)과 관계된 한문 숙어

동병상련(同病相憐) : 같은 병을 앓는 사람끼리 서로 가엾게 여긴다는 뜻으로, 곧 처지가 같은 사람끼리 동정함을 가리킵니다.
同(같을 동) / 相(서로 상) / 憐(불쌍히 여길 련)

선병자의(先病者醫) : 먼저 병을 앓고 난 사람이 의사란 뜻이니, 무슨 일에나 경험한 이가 잘 알고 있다는 말입니다.   先(먼저 선)

유비무환(有備無患) : 건강은 건강할 때 지키라는 말이 있습니다. 미리미리 준비해 두면 근심될 것이 없다는 뜻입니다.
有(있을 유) / 備(갖출 비) / 無(없을 무)

健忘症

健(굳셀 건) / 忘(잊을 망) / 症(증세 증)

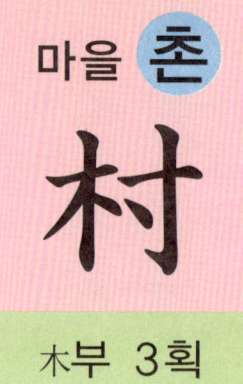

농촌(農村)을 떠난 젊은이들이 다시 돌아와 활기차게 일하는 모습을 보고 싶다.

farm village[파암 빌리쥐] 농촌

- 농사(農事): 논밭을 갈아 농작물을 심고 가꾸는 일.
- 이농(離農): 농사일을 그만두고 농촌을 떠나는 것.
- 촌부(村婦): 시골에 사는 부녀자.
- 산촌(山村): 산 속에 있는 마을.

뜻이 같은 한자

村(마을 촌) = 里(마을 리)

冖冖曲曲曲芦芦農農農	一十才木 村村村
農 農 農	村 村 村

풍성할 **풍**
豊
豆부 6획

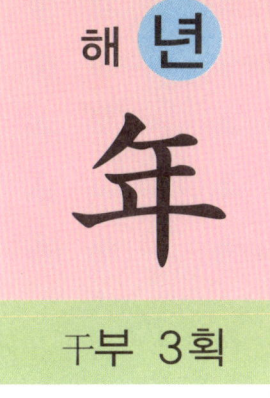
해 **년**
年
干부 3획

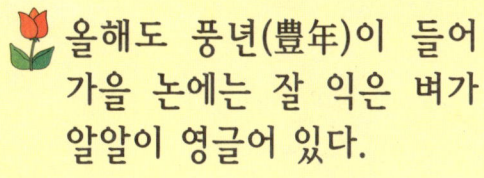
올해도 풍년(豊年)이 들어 가을 논에는 잘 익은 벼가 알알이 영글어 있다.

rich year[리취 이어] 풍년

◆ 풍부(豊富): 양이 넉넉하게 많음.
◆ 대풍(大豊): 큰 풍년.
◆ 연도(年度): 편의상 구분한 1년 동안의 기간.
◆ 작년(昨年): 지난해.

뜻이 상대되는 한자어

豊年(풍년) ↔ 凶年(흉년)

一 厂 冉 曲 曲 曹 豊 豊 豊	ノ ㅏ ㅄ ㅄ 눅 年
豊	豊	豊	年	年	年

나물 채	나물 소
菜	蔬
艹(⺿)부 8획	艹(⺿)부 11획

🌷 비료를 주지 않고 기른 싱싱한 채소(菜蔬)는 안심하고 씻어서 바로 먹을 수 있다.

vegetables[베지터블즈] 채소

- 채독(菜毒): 채소 따위에 섞인 독기.
- 산채(山菜): 산나물.
- 유채(油菜): 겨잣과의 두해살이풀.
- 소채(蔬菜): 채소.

알아 두세요

菜蔬(채소)는 흔히 野菜(야채)라고도 하는데, 채소가 표준말입니다.

一 十 卝 芊 菜 菜 菜 菜 菜	艹 芋 苹 莊 莊 莊 蔬 蔬 蔬
菜	菜	菜	蔬	蔬	蔬

가을 추	거둘 수
秋	收
禾부 4획	攴(攵)부 2획

🌷 봄에 심고 여름에 땀 흘려 가꾼 작물들을 가을에 추수(秋收)한다.

harvest[하아비스트] 추수

- 추풍(秋風): 가을바람.
- 만추(晚秋): 늦가을.
- 수확(收穫): (곡식을) 거두어들이는 것.
- 수입(收入): 돈·물품 따위를 거두어들이는 것.

뜻이 상대되는 한자어

秋收(추수) ↔ 播種(파종)

一 二 千 千 禾 禾 秋 秋			丨 丩 屮 屮 收 收		
秋	秋	秋	收	收	收

연습문제

❶ 각각의 한자어에 맞는 우리말을 찾아 줄로 이으세요.

大豊 ·　　　　　　　　　· 추수
農村 ·　　　　　　　　　· 풍년
菜蔬 ·　　　　　　　　　· 대풍
秋收 ·　　　　　　　　　· 농촌
豊年 ·　　　　　　　　　· 채소

❷ 다음 한자의 훈과 음을 (　　) 안에 쓰세요.

豊 (　　　　)　　年 (　　　　)
農 (　　　　)　　蔬 (　　　　)
菜 (　　　　)　　收 (　　　　)

❸ 각 뜻풀이에 어울리는 한자어를 보기에서 찾아 (　　) 안에 쓰세요.

―― 보 기 ――
秋收　農村　豊年　菜蔬

★ 농사가 잘 된 해 (　　　　)
★ 주로 뿌리, 잎, 줄기 등을 먹기 위해 밭에서 기르는 초본(풀) 식물 (　　　　)
★ 가을에 익은 곡식을 거두어들이는 일 (　　　　)
★ 주민의 대부분이 농사를 짓는 지역이나 마을 (　　　　)

❹ 다음 낱말 중에서 한자가 틀린 것을 모두 찾아 ○하세요.

· 풍년(農年)　　· 수입(收入)　　· 농촌(豊村)
· 채소(菜蔬)　　· 추수(秋手)　　· 작년(作午)